本书受到以下项目资助：

湖南省自然科学基金面上项目"产业链升级视角下湖南省装备制造业服务化转型的绩效与路径研究"(2021JJ30224)

湖南省教育厅科学研究项目"新阶段服务化驱动中国制造业价值链攀升的机制与对策研究"（21B0541）

株洲市社会科学成果规划评审委员会课题"株洲培育壮大市场主体政策优化研究"（ZZSK2023055）

政府补贴促进中国战略性新兴产业绩效提升的机制与对策研究

马永军 等著

中国财经出版传媒集团

经济科学出版社
Economic Science Press

·北 京·

图书在版编目（CIP）数据

政府补贴促进中国战略性新兴产业绩效提升的机制与
对策研究/马永军等著 . -- 北京：经济科学出版社，
2023. 10

ISBN 978 - 7 - 5218 - 5199 - 1

Ⅰ. ①政…　Ⅱ. ①马…　Ⅲ. ①政府补贴 – 影响 – 新兴
产业 – 企业绩效 – 研究 – 中国　Ⅳ. ①F279. 244. 4

中国国家版本馆 CIP 数据核字（2023）第 188139 号

责任编辑：周国强
责任校对：王肖楠
责任印制：张佳裕

政府补贴促进中国战略性新兴产业绩效提升的机制与对策研究
马永军　等著
经济科学出版社出版、发行　新华书店经销
社址：北京市海淀区阜成路甲 28 号　邮编：100142
总编部电话：010 – 88191217　发行部电话：010 – 88191522
网址：www. esp. com. cn
电子邮箱：esp@ esp. com. cn
天猫网店：经济科学出版社旗舰店
网址：http: // jjkxcbs. tmall. com
固安华明印业有限公司印装
710 × 1000　16 开　11. 75 印张　200000 字
2023 年 10 月第 1 版　2023 年 10 月第 1 次印刷
ISBN 978 - 7 - 5218 - 5199 - 1　定价：68. 00 元
（图书出现印装问题，本社负责调换。电话：010 – 88191545）
（版权所有　侵权必究　打击盗版　举报热线：010 – 88191661
QQ：2242791300　营销中心电话：010 – 88191537
电子邮箱：dbts@ esp. com. cn）

前　言

在新发展阶段，战略性新兴产业是优化产业结构、提升国家核心竞争力的重要支撑力量，对于我国破解关键核心技术"卡脖子"问题，尽快实现创新型国家和世界科技强国至关重要。但与发达国家相比，我国战略性新兴产业规模仍然较小，核心技术自主能力不足，出口产品质量不高。与此同时，产业趋同化、低端化、粗放化、体制机制不完善、产业化滞后等问题也制约着战略性新兴产业绩效进一步提升。

尽管影响战略性新兴产业发展的因素众多，但政府补贴作为各国产业政策的基本内容之一，在战略性新兴产业发展中扮演着重要角色。然而，从现有理论研究和各国实践来看，关于政府补贴效果研究的结论却不尽相同。因此，本书针对战略性新兴产业发展以及政府补贴中的存在的现实问题，对政府补贴机制调整和战略性新兴产业绩效提升进行系统研究，以期揭开政府补贴影响战略性新兴产业绩效的内在机制，提出切实有效的政策建议。本书应用中国的发展实践对理论和实证模型的相关参数进行校准，是现代经济理论应用于中国本土化研究的重要实践，有助于推动我国经济学研究"问题本土化、视野国际化、方法规范化"，不仅具有较高的学术价值，而且具有较强的实践意义。

为深入研究政府补贴对中国战略性新兴产业影响的内在机制，进而提出有效的政府补贴机制调整和战略性新兴产业绩效提升路径，本书主要做了以下工作：首先，阐述政府干预、信息不对称、委托代理、寻租等政府补贴和战略性新兴产业绩效相关的理论基础、并对国内外研究现状进行梳理和评述；其次，对 2010 年以来中国战略性新兴产业补贴政策进行全面梳理，着重考察中国战略性新兴产业政府补贴的规模、力度、方式等状况，并从全要素生产率、经济绩效、创新绩效、环境绩效、出口绩效五个层面对中国战略性新兴产业绩效进行科学评价和全面考察；最后，利用宏观和微观两个层面，运用实证分析和模拟仿真分析系统研究中国战略性新兴产业政府补贴绩效问题，并从优化政府补贴机制、营造营商环境、加快要素市场改革等方面给出有效的对策建议。

主要结论如下：

（1）中国战略性新兴产业政府补贴总额整体呈现上升态势，但补贴强度整体呈现下降态势。分区域来看，东部地区战略性新兴产业政府补贴总额和补贴强度整体上高于其他三个区域；分产权性质来看，政府对民营企业的补贴强度整体上要高于其对国有企业的补贴强度。

（2）中国战略性新兴产业绩效测算结果显示：第一，宏观层面，2001 ~ 2015 年战略性新兴产业全要素生产率呈现先上升后波动下降的变化趋势，但增长指数呈波动下降趋势；微观层面，2010 ~ 2019 年基于 OP 方法测算所得的全要素生产率呈先下降后缓慢上升的变化趋势，基于 LP 方法测算所得的全要素生产率呈先下降后剧烈上升趋势。第二，经济绩效呈现波动下降趋势。第三，多指标测算下战略性新兴产业的创新绩效均呈现波动上升趋势。第四，环境绩效呈现剧烈的波动下降趋势。第五，采用出口交货值或出口额衡量出口绩效时，其呈现出显著的上升趋势；采用出口产品质量衡量出口绩效时，其呈现先下降后缓慢上升趋势。

（3）理论分析、数值模拟与实证检验显示：第一，政府补贴对全要素生产率均具有显著影响，影响系数分别达到 0.0014 和 0.0263；政府补贴与知识产权保护、要素市场扭曲、风险投资的交互项系数分别为 0.0052、 - 0.0727 和 0.0622，且均通过了 1% 水平的显著性检验，即知识产权保护、要素市场扭曲和风险投资具有显著的调节作用。第二，政府补贴对经济绩效的系数显著为正（0.0014），政府补贴与企业内部控制、高管持股的交互项系数均显著为正。第三，政府补贴对创新绩效的影响不显著；政府补贴的创新激励效应具有制度环境、补贴力度、民营经济发展程度的门槛效应；企业家性别、海外留学经历与政府补贴的协调联动可以促进创新绩效；受到分析师关注后，政府补贴对创新绩效的系数更大。第四，政府补贴对环境绩效的影响系数为0.5772，促进作用明显；环境规制正向调节政府补贴对环境绩效的影响。第五，政府补贴对出口绩效的系数为0.0092，且通过了1%水平的显著性检验；企业家海外留学经历正向调节政府补贴的出口激励效应。

　　与国内外同类型研究相比，该书的创新之处在于：一是结合我国创新驱动发展战略的大背景，基于产业绩效视角研究政府补贴机制调整问题，突出中国经济问题的特殊性与一般性，对于提升我国战略性新兴产业核心竞争力具有非常重要的政策含义。二是将政府补贴和战略性新兴产业绩效问题引入博弈分析框架，并从理论证明、数值模拟与实证检验三个方面研究政府补贴如何促进战略性新兴产业绩效改善，尤其是促进全要素生产率和创新绩效改善，做到理论与方法的统一。三是关于中国工业企业数据库、中国上市公司数据库、中关村科技园微观企业数据库的清理以及关于我国省（自治区、直辖市）等宏观经济数据的整理工作，为相关研究提供重要的数据支撑。

目　录

1.1　选题背景与选题意义

1.1.1　选题背景

经济学理论和世界各国经济发展实践表明，战略性新兴产业是优化产业结构、提升国家核心竞争力的重要支撑力量。伴随中国特色社会主义进入新时代，进一步壮大战略性新兴产业规模和提高其发展绩效，不仅有助于我国破解关键核心技术"卡脖子"问题，占据新一轮经济科技发展制高点，而且对于推动我国产业结构优化和转型升级，实现高质量创新发展至关重要。为此，我国历来高度重视战略性新兴产业发展问题，自 2009 年以来，仅中央、国务院及其各部门出台的相关扶持政策达到 400 多项。各地方政府也纷纷响应并积极部署，制定更加细化的政策文件。在此背景下，我国战略性新兴产业发展取得显著成效。

（1）产业规模不断壮大。在工业方面，2016～2019 年，我国战略性新兴产业工业增加值年均实际增速达到 9.7%，比同期规模以上工业增速高 3.65

个百分点（见图 1 - 1）；2020 年上半年我国尽管受到新冠疫情影响，战略性新兴产业工业增加值实际增速有所放缓，但仍达到 2.9% 的增长水平，比同期全国工业增加值增速高 5.2 个百分点。在服务业方面，2018 ~ 2020 年，我国战略性新兴服务业营收增速分别为 14.6%、12.7% 和 8.3%，而同期全国规模以上服务企业营收增速仅为 11.4%、9.4% 和 2.1%。其间，尽管全国战略性新兴服务业营收增速虽然有所下降，但仍然高于同期全国规模以上服务业营收增速，年均高 4.2 个百分点（见图 1 - 2）。

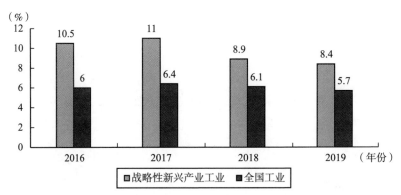

图 1 - 1　2016 ~ 2019 年中国战略性新兴产业工业与全国工业增加值增速

资料来源：2016 ~ 2019 年《中华人民共和国国民经济和社会发展统计公报》。

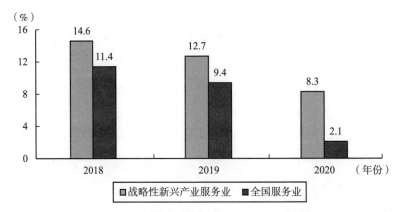

图 1 - 2　2018 ~ 2020 年中国战略性新兴产业服务业与全国服务业营收增速

资料来源：2018 ~ 2020 年《中华人民共和国国民经济和社会发展统计公报》。

（2）盈利能力比较突出。《2020 年中国战略性新兴产业发展报告》显示，2015～2018 年，战略性新兴产业上市公司平均利润率达到了 7.7%，而全体上市公司（非金融类）平均利润率只有 6.7%。在全球经济放缓、贸易保护主义升温的背景下，2019 年第一季度新兴产业公司利润率达到 8%，高于历史均值，也持续高于同期上市公司总体利润率水平。

（3）创新投入不断增加。2014～2018 年，战略性新兴产业上市公司创新投入能力呈现持续上升态势，研发强度年均值达到了 6.432%，比同期 A 股全体上市公司研发强度年均值高 1.77 个百分点。其中，2018 年战略性新兴产业上市公司平均研发支出达到 2.2 亿元，研发强度达到 6.88%（见图 1-3）。

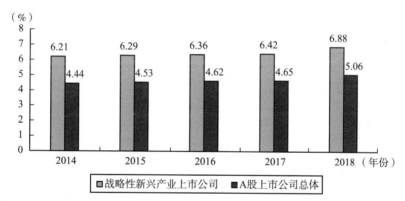

图 1-3　2014～2018 年战略性新兴产业上市公司与 A 股上市公司研发强度情况

资料来源：中国工程科技发展战略研究院. 2020 年中国战略性新兴产业发展报告 [M]. 北京：科学出版社，2019。

（4）产业发展信心充足。国家信息中心公布的调查数据显示[①]，"十三五"期间，除 2020 年前三季度受新冠疫情影响外，战略性新兴产业重点企业景气指数和行业指数整体保持在 [120，140]，处于较为景气良好状态。尤其是 2020 年第四季度，战略性新兴产业的行业景气指数和企业家信心指数分别达到 146.5 和 148.4，并且有显著上升。其中，东部和中部成为 2020 年第

---

① 《2020 年四季度战略性新兴产业加速立场》，国家信息中心网站，2021 年 3 月 2 日。

四季度战略性新兴产业进一步加速的主要引领区域。这充分表明我国对战略性新兴产业发展信心充足，该产业发展潜力仍然非常巨大。

（5）投资热度不减。国家统计局与国家信息中心公布的统计数据显示[①]，2015～2019年我国战略性新兴产业重点行业投资年均增速高达10%以上。其中，2019年我国战略性新兴产业重点行业就完成了5万多亿元固定资产投资。2016～2019年，我国先后有480家战略性新兴产业企业成功上市，募资总额达到了3457.4亿元，占同期首次公开发行（IPO）募资总额的七成以上。

（6）头部企业不断涌现。从世界500强历年榜单来看，2015年我国战略性产业企业入榜企业只有18家，而2019年增加至29家，增长率超过60%。截至2019年底，我国战略性新兴产业上市公司数量达到1634家，占上市公司总数四成以上。其中营收规模百亿元以上的企业数量达到151家，较2015年增加80家，增速达到11.3%。[②]

整体来看，我国战略性新兴产业发展潜力仍然十分巨大，对经济高质量发展的支撑能力正在不断增强。但与发达国家相比，我国战略性新兴产业规模仍然较小，并且在取得显著成就的同时，战略性新兴产业发展中存在的一些问题也日益显现，阻碍了产业的转型升级和高质量发展。一是核心技术自主能力仍显不足。一些关键技术仍然受制于人，如高性能航空发动机、高端芯片仍然大量依赖进口，被外国"卡脖子"。二是融资困境亟待解决。当前，对于战略性新兴产业来说，企业融资难问题仍然存在，尤其是民营企业融资难上加难。据统计[③]，与国有企业相比，2018年民营战略性新兴产业上市公司资产负债率低6.5个百分点。与2017年相比，2018年民营战略性新兴产业上市公司营业收入分别下降12.6个和61.8个百分点，主要原因就是融资难问题。三是创新人才短缺。人才是战略性新兴产业发展的

---

① 《战略性新兴产业形势判断及"十四五"发展建议（上篇）》，国家信息中心网站，2020年12月31日。

②③ 中国工程科技发展战略研究院：《2020年中国战略性新兴产业发展报告》，科学出版社2019年版。

重要保障。高端领军人才、前沿技术领域人才、复合型人才等创新人才短缺问题仍然未得到有效解决。以新兴 AI 项目为例，2017 年我国 AI 项目数量占全球 51%，但 AI 人才储备占比只有 5% 左右[①]。此外，产业趋同化、低端化、粗放化、体制机制不完善、产业化滞后、出口产品质量不高等问题也比较突出。

在战略性新兴产业发展中，政府补贴历来是各国产业政策的基本内容之一，但补贴的效果不尽相同。如何通过政府补贴机制的有效调整促进战略性新兴产业绩效提升成为各国学者和政府关注的重点课题。为此，本书针对战略性新兴产业发展以及政府补贴中的存在的现实问题，对政府补贴机制调整和战略性新兴产业绩效提升进行系统研究，以期揭开政府补贴影响战略性新兴产业绩效的内在机制，提出切实有效的政策建议。

1.1.2　选题意义

1.1.2.1　学术价值

（1）基础工作上，本书沿袭前期研究基础，将重点对最新的中国上市公司数据库、中国高技术产业数据库进行全面清理，这将是一项重要且艰巨的工作。同时，关于产业绩效指标体系的理论探讨与指标构建，都会对相关领域内的后续研究产生重要的影响。

（2）研究视角上，在战略性新兴产业发展中，究竟是依靠政府还是以市场作用为主一直是国内外学者争论的焦点，本书将通过构建政府补贴和战略性新兴产业绩效的理论框架并进行实证分析和数值模拟，对完善当前的政府补贴机制具有重大参考价值。

（3）研究方法上，用中国的发展实践对理论和实证模型的相关参数进行

---

① 中国工程科技发展战略研究院：《2020 年中国战略性新兴产业发展报告》，科学出版社 2019 年版。

校准，是现代经济理论应用于中国本土化研究的重要实践，有助于推动我国经济学研究"问题本土化、视野国际化、方法规范化"。

1.1.2.2　应用价值

（1）政策层面，本书结合新常态下的中国经济发展状况，运用科学的方法评估现有政府补贴对战略性新兴产业绩效产生的影响，采用数值模拟的方法探索政府补贴机制如何实现有效调整，最终提出一些言之有物而非泛泛而谈的政策建议，为政策制定者提供了重要的决策参考。

（2）目标层面，从政府补贴这一关键线索解答如何提升战略性新兴产业绩效问题。在关注政府补贴时机、强度、方式的同时，还考虑制度环境、高管持股等因素对政府补贴效应的影响，旨在实现产业政策优化与战略性新兴产业绩效提升两者目标的高度统一。

1.2　研究思路与技术路线

本书对战略性新兴产业绩效进行重点考察，研究如何通过政府补贴机制的调整和优化，实现战略性新兴产业绩效的改善和稳步提升。简言之，本书是在新时代的背景下，探讨政府补贴如何更好地发挥作用，从而做到市场驱动和政府激励相融合，使政府补贴资金真正实现精准补贴，促进战略性新兴产业的快速成长。具体来说，本书将首先对政府补贴和战略性新兴产业绩效的已有理论基础、国内外研究现状进行梳理和评述；其次对本书所构建的特色数据库和重点指标进行详细介绍，然后分别基于全要素生产率、经济绩效、创新绩效、环境绩效、出口绩效五个方面，从理论和实证两个方面全面考察政府补贴影响战略性新兴产业绩效的机制和实际效果；最后从优化政府补贴机制、营造营商环境、加快要素市场改革等几个方面给出有效的对策建议。

根据研究思路和研究框架，本书研究的技术路线如图1－4所示。

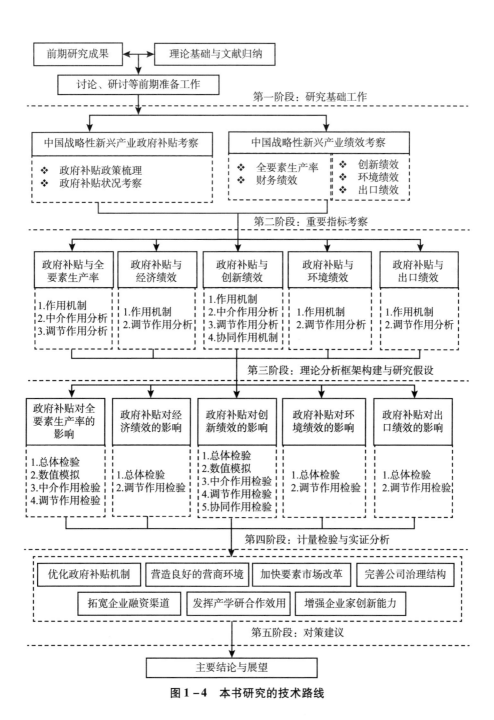

图1-4 本书研究的技术路线

1.3 研究框架与研究方法

1.3.1 研究框架

本书的研究内容共分为 7 章，每章的具体研究内容如下所示：

第 1 章为绪论。主要介绍本书的研究背景和研究意义、研究思路与研究方法、研究框架与技术路线，以及创新点。

第 2 章为理论基础与文献综述。理论基础部分主要介绍政府规制、信息不对称等相关理论。文献综述部分从政府补贴和战略性新兴产业发展两个方面，分六个维度对国内外研究现状进行文献评述。

第 3 章为政府补贴与战略性新兴产业绩效考察。首先，对战略性新兴产业政府补贴状况和补贴政策进行考察；其次，分别从全要素生产率、财务绩效、创新绩效、环境绩效、出口绩效等五个层面对战略性新兴产业绩效状况进行综合考察。

第 4 章为理论分析框架构建与研究假设。第一，构建政府补贴影响战略性新兴产业全要素生产率的理论框架，并深入分析知识产权保护、要素市场发育程度、风险投资在其中所发挥的调节作用机制；第二，探讨政府补贴影响战略性新兴产业经济绩效的理论机制以及内部控制质量和高管持股在其中的调节效应；第三，构建政府补贴对战略性新兴产业创新绩效的作用机制，分析制度环境、补贴力度、民营经济发展程度的调节作用机制和企业家背景的协同作用机制；第四，探讨政府补贴的环境绩效作用机理以及环境规制的调节作用机制；第五，探讨政府补贴影响战略性新兴产业出口绩效的理论机制，以及企业家海外留学经历在其中所起的调节作用。

第 5 章为数值模拟与实证检验。第一，利用宏观产业数据和微观企业数据，进行数值模拟检验和实证检验，揭示政府补贴、知识产权保护、要素市场发育程度、风险投资与战略性新兴产业全要素生产率之间的内在关系；第二，基于战略性新兴产业上市公司数据，运用固定效应模型、GMM 等实证模型对政府补贴、内部控制质量、高管持股与经济绩效之间的关系进行实证检验；第三，利用宏观产业数据和中关村科技园企业数据，运用固定效应模型、面板门槛效应模型、模糊定性比较分析模型（FsQCA），对政府补贴、制度环境、补贴力度、民营经济发展程度、企业家背景与创新绩效的理论假设进行实证检验；第四，利用微观企业数据，实证检验政府补贴、环境规制与战略性新兴产业环境绩效之间的内在关系；第五，基于战略性新兴企业数据、中关村科技园微观企业数据，运用固定效应模型、DID 等计量模型实证检验政府补贴、企业家留学经历与出口绩效之间的关系。

第 6 章为政策建议。分别从优化政府补贴机制、营造良好的营商环境、加快要素市场改革、完善公司治理结构、拓宽企业融资渠道、发挥产学研合作效用、增强企业家创新能力等方面提出具有针对性的政策建议。

第 7 章为结论与展望。首先，概括本书的主要结论；其次，对可以进一步开展的研究方向进行介绍。

1.3.2　研究方法

本书在研究政府补贴对战略性新兴产业绩效影响的过程中，主要采用了三类研究方法，具体如下：

（1）文献研读法。对政府补贴、产业绩效、企业绩效、环境绩效等相关文献进行回顾，覆盖理论建模与实证检验两个维度、国内与国外两个视角。

（2）实证分析法。本书的实证检验包括宏观和微观两个层面，涉及不同阶段、区域、产业多个维度，运用 GLS、GMM、DID、SFA 等模型，还要特别注意处理内生性、多重共线性等相关计量问题，并对相关结论做严谨的稳健性检验。

（3）模拟仿真法。讨论政府补贴机制的最优调整与战略性新兴产业绩效改善，以论证微观主体与经济整体最优行为的一致性，理论建模与数值模拟相结合增强理论的可信度。

1.4 创 新 之 处

第一，较新的研究视角和时效性。结合我国创新驱动发展战略的大背景，基于产业绩效视角研究政府补贴机制调整问题，突出中国经济问题的特殊性与一般性，对于提升我国战略性新兴产业核心竞争力具有非常重要的政策含义。

第二，完备的方法论。将政府补贴和战略性新兴产业绩效问题引入博弈分析框架，并从理论证明、数值模拟与实证检验三个方面研究政府补贴如何促进战略性新兴产业绩效改善，尤其是促进全要素生产率和创新绩效改善，做到理论与方法的统一。

第三，重要的数据贡献。关于中国工业企业数据库、中国上市公司数据库、中关村科技园微观企业数据库的清理以及关于我国市辖区、地级市等宏观经济数据的整理工作，将对学术界产生深远的影响。

第 2 章
理论基础与文献综述

2.1 理 论 基 础

2.1.1 政府干预理论

关于政府干预的研究最早起源于亚当·斯密的《国富论》。他将市场比喻为一只"无形的手",可以左右经济的运行,而政府只是"守门人"的角色。因此,他建议政府不要干预市场经济的正常运行。之后,萨伊通过进一步研究,提出"供给自动创造需求"理论,强调政府的职责在于维护市场经济的正常运行。但随着西方"大萧条"经济危机的出现,以凯恩斯为代表的凯恩斯主义学者发现,市场并非任何时候都能有效地调整供给与需求,即存在市场失灵情况。此时,针对有效需求不足问题,政府采取有效的措施可以很好地弥补市场缺陷。因此,适当的政府干预对于市场经济正常运行十分必要,不应该只是定位为"守门人"角色。然而 1970 年以后,面对"滞胀"状态,凯恩斯主义又无法提供很好的解决方案。此时,新凯恩斯主义主张通过提高政策的精准度和实施效果,保证市场经济良好运行;以哈耶克为首的经济自由主义重整旗鼓，建议放松外汇管制；理性预期学派等其他经济学派也提出了如何实现政府与市场共生互补的有效策略。目前，经济学者关于政府是否应该干预市场还未形成完全一致结论。

综上，单纯地依靠市场无法完全确保经济的正常运行，但过度地依靠政府干预可能不仅无法弥补市场缺陷，还会导致更大的危机。由于战略性新兴产业与一般产业相比，在技术创新上具有更大的不确定性，单纯依靠市场机制很难实现又快又好发展，适当的政府干预显得尤为重要。

2.1.2 信息不对称理论

在市场经济活动中，不同主体所掌握的信息存在差异。拥有信息优势的一方凭借有利地位，会做出一些不利于拥有信息劣势一方的举措。在政府补贴过程中，政府和企业作为补贴的提供方与收受方，两者在补贴事件上获得的信息存在着不对称性。由于对企业内部运作十分清楚，企业具有明显的信息优势，而政府作为资金发放者，所知道的信息则相对有限，从而未必能达到政府所预期的效果。因此，在这个委托代理关系当中，信息不对称会导致一系列问题的发生。一是基于自身利益考虑，企业可能挪用补贴资金开展其他业务活动，导致补贴资金效果不佳。在考虑到创新投入和创新产出之间的关系时，企业可能将补贴资金转投到创新程度低的项目，无法达到政府预期。二是出于获得补贴的需要，企业存在提供部分有利于自身的信息或者虚假信息。为了能够最大限度获得政府补贴资金，企业会对照补贴资金申请要求，向市场传递更有利于补贴资金获取的信息，隐藏各种不利的信息。在这种情形下，有些得到补贴资金的企业未必是政府所预期的补贴目标，导致政府决策失准。三是企业可能存在"偷懒""机会主义行为"等道德风险行为。如果政府监管措施不到位，得到补贴的企业可能依靠补贴资金增长业绩，甚至谋私利，企业家职能未得到最大化发挥。可见，基于信息不对称理论在政府与企业关于补贴的关系当中，企业存在通过获取政府补贴捞取额外收益的可能性。

2.1.3　外部性理论

以"外部经济"为基础,庇古认为边际社会成本和边际私人成本、边际社会效益和边际社会成本存在不一致性,进而将外部性分为正外部性和负外部性。第一,正外部性是指边际社会效益大于边际私人收益,但企业所付出的成本可能大于自己的收益。在这种情形下,尽管边际社会收益很大,企业的积极性并不高。第二,负外部性是指边际社会效益小于边际私人收益,但企业所付出的成本可能小于自己的收益。在这种情形下,尽管边际社会收益很小,企业的积极性却很高。对于战略性新兴产业来说,创新投入力度通常很大,但创新成果存在很快被其他企业以很小的成本投入所模仿的风险,于是企业创新投入的积极性不高。针对这种情况,政府通过补贴可以在一定程度上降低企业的创新投入成本,进而提高其创新积极性。

2.2　文　献　综　述

对战略性新兴产业是否实施、如何实施政府补贴政策以及实施之后的效果如何一直是国内外经济学界和管理学界关注的热点问题。为了全面、准确把握当前国内外相关研究状况,为本书研究打下良好的基础,接下来分三个步骤进行文献综述。首先,基于文献计量分析方法,对政府补贴和战略性新兴产业相关研究的历年发文数量、研究主题、研究学科、研究层次以及高被引文献进行绩效量化分析;其次,在此基础上分类归纳总结国内外相关研究的具体状况;最后,基于前两部分的分析结果,对于相关研究进行文献评述。

2.2.1　相关研究的文献计量分析

通过中国知网(CNKI)数据库,对中文核心以上期刊论文,按照篇名

"政府补贴"和"战略性新兴产业"分别检索，然后相应进行文献计量分析。

2.2.1.1　关于政府补贴相关研究的文献计量分析

（1）发文数量变化趋势。通过对中国知网（CNKI）数据库检索，以"政府补贴"为篇名的中文核心以上期刊论文共计 807 篇。发文数量由 1997 年的 1 篇增加至 2022 年的 96 篇，尤其是 2014 年后，发文数量具有显著增加，基本维持在 40 篇以上（见图 2－1）。这说明，近年来国内外学者对于政府补贴的相关研究非常关注，并且研究成果丰富。

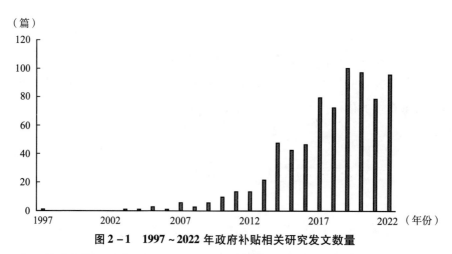

图 2－1　1997～2022 年政府补贴相关研究发文数量

注：历年发文数量通过中国知网（CNKI）高级检索所得。

（2）研究主题、研究学科与研究层次分析。表 2－1 分别列示了按照研究主题、研究学科、研究层次分类统计的论文发表数量排名前 10 位的具体情况。

表 2－1　　　　政府补贴相关研究的研究主题、研究学科、研究层次　　　　单位：篇

排名	研究主题		研究学科		研究层次	
	主题	发文数量	学科	发文数量	层次	发文数量
1	政府补贴	762	财政与税收	553	应用研究－管理研究	82
2	实证研究	38	企业经济	497	应用研究	24

续表

排名	研究主题		研究学科		研究层次	
	主题	发文数量	学科	发文数量	层次	发文数量
3	战略性新兴产业	36	工业经济	171	应用研究 – 政策研究	19
4	绿色供应链	34	金融	135	应用研究 – 行业研究	13
5	闭环供应链	32	投资	128	开发研究 – 管理研究	9
6	研发投入	24	证券	112	开发研究 – 政策研究	8
7	融资约束	23	宏观经济管理与可持续发展	95	开发研究 – 行业研究	6
8	技术创新	23	环境科学与资源利用	74	开发研究	6
9	供应链	23	贸易经济	71	工程与项目管理	2
10	实证分析	22	农业经济	57	工程研究	1

注：以上发文数量通过中国知网（CNKI）高级检索所得。

从研究主题来看，以"政府补贴"为主题的论文有762篇，高居榜首；以"实证研究"和"战略性新兴产业"为主题的论文分别有38篇和36篇，分别居第2、第3位；此外，"绿色供应链"等7类研究主题发文数量分别居于第4~10位。不难发现，一是实证研究方法在目前研究中应用较多；二是政府补贴与战略性新兴产业的相关研究数量较多，是一个值得研究的热点问题。

从研究学科来看，相关研究主要集中在财政与税收和企业经济学科，发文数量分别为553篇和497篇；而归属工业经济等学科研究的文献数量在57~171篇之间。从中可以看出，政府补贴相关研究既有宏观层面的财政研究，也有微观企业层面研究，深入研究政府补贴问题需要做到宏观和微观的有机统一。

从研究层次来看，应用研究居多。其中，归属应用研究 – 管理研究、应用研究、应用研究 – 政策研究和应用研究 – 行业研究的论文分别达到82篇、24篇、19篇和13篇。其他层次的文献数量均不足10篇。这说明，政府补贴相关研究更注重研究成果的现实运用和实践价值。

（3）高被引论文分析。表2-2列示了政府补贴相关研究中发文数量排名前10位的被引文献情况。从中可以看出，杨洋、魏江和罗来军2015年发表于《管理世界》上的《谁在利用政府补贴进行创新？——所有制和要素市场扭曲的联合调节效应》被引用次数最多，达到了1268次。此外，唐清泉和罗党论、毛其淋和许家云分别发表于《金融研究》和《中国工业经济》上的《政府补贴动机及其效果的实证研究——来自中国上市公司的经验证据》和《政府补贴对企业新产品创新的影响——基于补贴强度"适度区间"的视角》被引次数也超过1000次。从高被引文献情况来看，关于政府补贴的相关研究不仅要讲清楚政府补贴的后果，还要深入分析其中存在的复杂机制。

表2-2　　　　　　　　政府补贴相关研究的高被引论文

被引文献	作者	期刊名称	年份	被引次数（次）
《谁在利用政府补贴进行创新？——所有制和要素市场扭曲的联合调节效应》	杨洋、魏江和罗来军	《管理世界》	2015	1268
《政府补贴动机及其效果的实证研究——来自中国上市公司的经验证据》	唐清泉和罗党论	《金融研究》	2007	1122
《政府补贴对企业新产品创新的影响——基于补贴强度"适度区间"的视角》	毛其淋和许家云	《中国工业经济》	2015	1034
《市场竞争、产权与政府补贴》	孔东民、刘莎莎和王亚男	《经济研究》	2013	783
《融资约束、政府补贴与全要素生产率——来自中国装备制造企业的实证研究》	任曙明和吕镯	《管理世界》	2014	761
《政府补贴与企业生产率——基于我国工业企业的经验分析》	邵敏和包群	《中国工业经济》	2012	695
《基于政府补贴分析的绿色供应链管理博弈模型》	朱庆华和窦一杰	《管理科学学报》	2011	665
《政府补贴、研发投入与企业创新绩效——基于所有制、企业经验与地区差异的研究》	王一卉	《经济问题探索》	2013	542

续表

被引文献	作者	期刊名称	年份	被引次数（次）
《政府补贴、财务冗余对高新技术企业双元创新的影响》	毕晓方、翟淑萍和姜宝强	《会计研究》	2017	420
《政府补贴对企业 R&D 投入的影响——基于我国高技术产业的实证研究》	姜宁和黄万	《科学学与科学技术管理》	2010	372

注：以上数据通过中国知网（CNKI）高级检索所得。

2.2.1.2 关于战略性新兴产业相关研究的文献计量分析

（1）发文数量变化趋势。通过对中国知网（CNKI）数据库检索，以"战略性新兴产业"为篇名的中文核心以上期刊论文共计 1806 篇。发文数量由 2010 年的 74 篇增加至 2013 年的 252 篇，之后降至 2022 年的 47 篇（见图 2 - 2）。

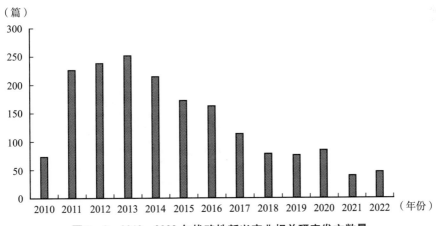

图 2 - 2　2010～2022 年战略性新兴产业相关研究发文数量

注：历年发文数量通过中国知网（CNKI）高级检索所得。

不难看出，2013 年前后，战略性新兴产业相关研究出现井喷式增长。其原因在于，2010 年和 2012 年，政府陆续出台了《国务院关于加快培育和发展战略性新兴产业的决定》和《"十二五"国家战略性新兴产业发展规划》，从而引起了学者的广泛关注。此外，近几年，战略性新兴产业相关研究的数量呈现一定的下降趋势，但这并不表明该领域研究已不再重要。究其原因，由于战略性新兴产业较强的产业属性，随着研究的深入，相关期刊对其研究成果的创新性提出更高的要求。尤其是，近年来中央陆续出台多项文件政策，支持战略性新兴产业发展，这也需要学者们在战略性产业相关研究中，要更加具有针对性。

（2）研究主题、研究学科与研究层次分析。表 2 - 3 分别列示了按照研究主题、研究学科、研究层次分类统计的论文发表数量排名前 10 位的具体情况。

表 2 - 3   战略性新兴产业相关研究的研究主题、研究学科、研究层次   单位：篇

排名	研究主题		研究学科		研究层次	
	主题	发文数量	学科	发文数量	层次	发文数量
1	战略性新兴产业	1718	企业经济	1267	开发研究 - 政策研究	37
2	新兴产业	78	经济体制改革	280	应用研究 - 管理研究	27
3	实证研究	61	宏观经济管理与可持续发展	241	开发研究 - 行业研究	23
4	上市公司	51	金融	211	应用研究 - 政策研究	15
5	战略性新兴产业集群	48	工业经济	144	应用研究	14
6	金融支持	47	财政与税收	122	应用研究 - 行业研究	7
7	实证分析	47	投资	94	开发研究 - 管理研究	6
8	新兴产业发展	45	证券	71	开发研究	5
9	技术创新	39	数学	31	学科教育教学	1
10	传统产业	36	市场研究与信息	29	工程研究	1

注：以上发文数量通过中国知网（CNKI）高级检索所得。

从研究主题来看，以"战略性新兴产业"为主题的论文有 1718 篇，高居榜首；以"新兴产业"和"实证研究"为主题的论文分别有 78 篇和 61 篇，分别居第 2、第 3 位；此外，"上市公司"等 7 类研究主题发文数量分别居第 4~10 位。从中可以看出，一是实证研究方法运用比较广泛；二是基于上市公司数据进行研究较多。

从研究学科来看，相关研究主要集中在企业经济，发文数量为 1267 篇，高居榜首；而归属经济体制改革和宏观经济管理与可持续发展学科研究的文献数量分别为 280 篇和 241 篇，分别居第 2、第 3 位；归属金融等其他学科文献数量则处于 29~211 篇之间。从中可以看出，研究战略性新兴产业发展问题，必须立足于企业层面，深入考察战略性新兴产业企业发展中存在的问题和解决措施。但将企业层面和行业层面相结合，是一个未来的研究方向。

从研究层次来看，开发研究 - 政策研究和应用研究 - 管理研究居多，分别为 37 篇和 27 篇；归属于开发研究 - 行业研究、应用研究 - 政策研究和应用研究层次的文献数量也均在 10 篇以上；归属于其他层次的文献均数量在 10 篇以下。整体来看，战略性新兴产业相关研究既要注重宏观政策层面的影响，也要关注企业本身如何发展。

（3）高被引论文分析。表 2-4 列示了战略性新兴产业相关研究中发文数量排名前 10 位的被引文献情况。从中可以看出，陆国庆、王舟和张春宇于 2014 年发表于《经济研究》上的《中国战略性新兴产业政府创新补贴的绩效研究》被引用次数最多，达到了 829 次。此外，余东华和吕逸楠发表于《中国工业经济》上的《政府不当干预与战略性新兴产业产能过剩——以中国光伏产业为例》被引次数达到 570 次，居第 2 位。前 10 位被引用的文献中，最少引用次数也超过了 300 次。整体来看，高被引文献中以理论和实证相结合的居多，但也存在政策研究。因此，关于战略性新兴产业的相关研究要做到理论、实证与对策建议的相统一。

表 2 - 4 战略性新兴产业相关研究的高被引论文

被引文献	作者	期刊名称	年份	被引次数（次）
《中国战略性新兴产业政府创新补贴的绩效研究》	陆国庆、王舟和张春宇	《经济研究》	2014	829
《政府不当干预与战略性新兴产业产能过剩——以中国光伏产业为例》	余东华和吕逸楠	《中国工业经济》	2015	570
《战略性新兴产业的特征与政策导向研究》	李晓华和吕铁	《宏观经济研究》	2010	474
《中国战略性新兴产业培育及其政策取向》	朱瑞博	《改革》	2010	456
《公司治理如何影响企业研发投入？——来自中国战略性新兴产业的经验考察》	肖利平	《产业经济研究》	2016	442
《战略性新兴产业的政府补贴、额外行为与研发活动变动》	郭晓丹、何文韬和肖兴志	《宏观经济研究》	2011	342
《把握全球产业调整机遇培育和发展战略性新兴产业》	万钢	《求是》	2010	335
《政府补贴与企业社会资本投资决策——来自战略性新兴产业的经验证据》	肖兴志和王伊攀	《中国工业经济》	2014	329
《融资结构与企业自主创新——来自中国战略性新兴产业 A 股上市公司的经验证据》	孙早和肖利平	《经济理论与经济管理》	2016	319
《中国战略性新兴产业的选择原则及培育政策取向研究》	刘洪昌	《科学学与科学技术管理》	2011	317

注：以上数据通过中国知网（CNKI）高级检索所得。

结合政府补贴和战略性新兴产业两方面的文献计量分析可以发现，政府补贴和战略性新兴产业两者之间具有很强的内在联系，是当前的研究热点。但政府补贴和战略性新兴产业绩效相关研究的具体情况，并不清晰，还需要对已有文献进行深入分析。

2.2.2 相关研究的具体分析

在前文基础上，对于筛选出来的相关文献进行整理和归纳，已有研究可以划分为以下两类。

2.2.2.1 关于政府补贴的相关研究

（1）政府补贴的必要性研究。大部分学者认为政府补贴很有必要。例如，罗曼诺（Romano，1989）认为，促进战略性新兴产业发展的最佳方案就是对企业进行研发（R&D）补贴；尼瑞（Neary，1998）认为研发的溢出效应的存在会在一定程度上减少企业研发投资，此时政府对企业研发投入进行补贴会激发企业进行研发投资的热情；泰奇（Tassey，2004）认为战略性新兴产业创新活动存在市场失灵、投资不足等突出问题，政府补贴、税收优惠等公共政策是解决战略性新兴产业发展动力不足的重要手段。一部分学者则并不这么认为。例如，唐清泉和罗党论（2007）认为政府应该摒弃政府补贴政策，给予战略性新兴产业自由发展的空间。可见大部分学者认同"对战略性新兴产业进行政府补贴十分必要"这一观点，因此后续研究聚集于政府补贴效应的探讨。

（2）政府补贴的效应研究。基于战略性新兴产业具有战略性、不确定性、正外部性、复杂性四大特点（胡吉雅，2020），政府补贴一直被当作影响战略性新兴产业的主要因素（张杰等，2015）。但对战略性新兴产业进行政府补贴是否真正起到了预期效果的研究可以归纳为以下三个方面：

第一，政府补贴具有促进作用（朱平芳，2003；马红和王元月，2015）。例如，佩雷（Pere，2013）以西班牙制造业公司为研究样本，实证检验结果发现政府补贴极大地提升了企业研发活动积极性；陆国庆（2014）基于中国上市公司数据，综合运用多种方法对政府补贴效果进行了实证分析，检验结果表明政府补贴可以显著促进企业创新发展；陈（Cin，2017）利用韩国制造业中小型企业数据库开展研究，发现获得政府财政补贴之后，企业的研发支出和全要素生产率等经济绩效指标均得到了显著改善；陈鲁夫和邵云飞（2017）通过"钻石模型"对新一代信息产业的绩效进行综合分析后发现政府等因素对创新绩效具有更为显著的影响；伍健等（2018）以2010~2015年A股战略性新兴产业上市公司作为研究对象，基于资源和信号两个研究视角对政府补贴的创新激励作用机制进行探究，全面检验了政府补贴对战略性新兴产业上市公司创新的实际效果；彭薇等（2019）运用上市公司微观数据研究发现政府补贴偏向高技术产业和出口，并对技术溢出和扩大出口具有积极作用；张正等（2019）运用供应链内企业作为研究样本，以供应链价值创造作为补贴效果衡量指标，深入分析了技术创新情形下，不同类型补贴的影响，发现研发补贴和消费补贴的作用明显；颜晓畅（2019）基于全国规模以上工业企业2008~2016年的省级面板数据，通过五个面板数据回归模型对理论假设进行检验，结果表明政府研发补贴对创新绩效具有显著的正向作用；吕晓军（2016）运用中国上市公司数据库，深入研究战略性新兴产业的政府补贴问题，发现政府补贴可以改善经济绩效，所以加大财政补贴力度十分必要；李凤梅等（2017）针对中国A股90家光伏上市企业进行回归研究，发现政府补贴的经济绩效非常显著。

第二，政府补贴具有负向作用（肖兴志和王伊攀，2014）。在整个产业层面，皮耶克拉（Piekkola，2007）将芬兰大型企业作为研究样本，发现政府财政补贴并未对生产率增长产生积极作用。卡托泽拉（Catozzella，2011）研究结果表明，政府补贴仅对企业研发投入作用显著，但对创新产出的影响并不明显。樊华和周德群（2012）针对科技创新效率进行了多因素分析，发现政府补贴等政府因素并不利于科技创新，而其他因素则具有明显的正向影响。刘建民、胡小梅和王蓓（2013）通过实证检验发现对外开放度、劳动投入等因素可以有效促进高技术产业发展，而政府投入的作用并不明显。蒋为和张龙鹏（2015）发现政府补贴并未完全做到"好钢用在刀刃上"，即政府补贴行为存在一定的资本错配问题。龚立新（2018）发现政府补贴并不能对企业创新效率产生促进作用，因此必须尽快完善补贴制度。颜晓畅和黄桂田（2020）通过对1677家战略性新兴产业进行面板模型分析得出政府补贴加剧了产能过剩，对于创新绩效的影响也不够显著。在战略性新兴产业细分行业层面，洛夫达尔和诺依曼（Lovdal & Neumann，2011）通过开展海洋新兴产业的企业调查并对所采集的数据进行实证分析，发现政府支持并不有利于海洋新兴产业发展，甚至会阻碍其进一步壮大。李永友等（2017）专门针对我国科技型中小企业开展专题研究，发现政府财政补贴不仅不能改善企业创新行为，而且也未提高创新产出。此外，王宇等（2013）从宏观角度研究了不同补贴方式的影响效果，研究表明政府的补贴方式需要从产品补贴转向研发补贴，长期的政府补贴会对企业造成激励错位和补贴依赖，会导致企业创新能力和竞争力下降。张杰等（2015）针对中小企业开展研究，发现我国情景下的政府补贴并未表现出研发投入带动作用。

第三，政府补贴的影响不确定。毛其淋等（2015）引入"适度区间"的概念，适度的补贴可以促使企业创新，而高额的补贴却会使企业创新能力下降。张庭发（2017）选取 426 家企业 5 年共 2130 个样本，应用面板数据模型进行实证检验，结果表明政府补贴刺激了企业研发投入，但对创新产出并没有显著影响。杨洋、魏江和罗来军（2015）基于中国工业企业数据库进行实证分析，发现产权性质和要素市场扭曲对政府补贴效用的发挥不仅分别具有显著的调节作用，而且联合调节作用也比较显著。叶红雨等（2018）发现政府补贴的创新激励作用存在双重门槛效应。蔡郁文（2019）以民营企业作为研究样本发现，随着政府补贴力度的上升，民营企业技术创新呈现先增加后下降的变动趋势。

（3）政府补贴的机制调整研究。巫强（2014）通过构建动态博弈模型，发现定额研发补贴的效果要显著低于比率研发补贴，建议优化现有补贴方式。吕久琴（2014）基于政府补贴对光伏企业产生的不利影响，从负面清单方面提出补贴方式转型的具体路径。王茵和段进（2015）通过实证研究发现，价格性补贴会产生市场均衡，但产量补贴能促进企业优胜劣汰。张海斌（2015）通过比较分析发现，动态补贴机制效果比静态补贴机制要好，建议制定更加合理的动态补贴机制。黄先海、宋学印和诸竹君（2015）基于博川德模式进行理论分析和实证检验，建议从实施竞争型补贴政策、实施适中型补贴政策、实施动态型补贴政策三个方面进行产业政策优化。汪勇杰等（2017）通过借鉴生物进化理论，构建了更加符合中国实际情况的研发外包演化博弈模型，结果表明政府补贴应合理避开策略混沌期。余娟娟和余东升（2018）指出单纯对企业进行补贴并不能取得预期效果，必须在构建激励机制的同时再加以实施更为严格的成本倒逼机制，只有这样才能催发企业内生动力进而提升企业出口技术复杂。李文鹣等（2021）通过构建以整车企业与电池企业为主体的演化博弈模型，分析双积分政策对新能源汽车企业合作创新的影响。研究发现，当积分交易价格较低时，更应强化多管齐下的政策配合，研发补贴不应低于阈值水平，在此基础上增加对合作创新的税收支持，并加大对合作创新项目的监察力度。王雁凌等（2021）立足于项目实际发展阶段规律，运用特定项目分类方式研究了能源补贴问题，进而设计了分阶段补贴办法。

2.2.2.2　关于战略性新兴产业绩效的相关研究

（1）战略性新兴产业绩效评价研究。在宏观层面，除要素产出弹性（齐峰和项本武，2015）、综合指标体系（陈文锋和刘薇，2010）和资本配置效率（赵玉林，2016）以外，国内目前对战略性新兴产业发展绩效的研究多采用全要素生产率（TFP）进行评价。根据测算方法不同，这类文献可以进一步划分为以下几种：①生产函数法。舒元（1993）、郭庆旺（2005）等运用该方法发现我国的全要素生产率在改革开放前发展较为缓慢，而在改革开放后有显著提高。杨震宇（2016）运用行业面板数据，采用传统的索罗余值法进行了全要素生产率测算。②数据包络分析（DEA）（陈勇和唐朱昌，2006）。樊宏和李虎（2009）针对广东省科技创新状况，采用该方法对其1987～2007年的科技创新效率进行了测算。彭荷芳等（2012）针对常州新能源产业发展状况，运用该方法对其2008～2009年全要素生产率进行了测算。喻登科等（2013）采用2010年江西省战略性新兴产业截面数据，运用该方法对其全要素生产率进行了测度。赵嘉茜等（2013）从知识产权视角出发，在DEA模型基础上构建了两阶段链式DEA方法，并将该方法运用到对中国高技术产业的

评价中。齐峰（2015）基于 DEA-Malmquist 指数法对我国战略性新兴产业的
TFP 进行了实证。黄海霞和张治河（2015）采用 DEA-Malmquist 指数方法对
全要素生产率进行了测算和分解，发现技术进步效率表现不佳。张会新和白
嘉（2016）通过 DEA 方法对中国 29 个省份战略性新兴产业绩效进行实证后
发现我国东部地区资源利用效率与发展绩效较高，并且各地区新兴产业发展
水平参差不齐，呈现由东向西的阶梯式发展。申俊喜和杨若霞（2017）采用
DEA-Malmquist 指数方法也得出长三角地区战略性新兴产业的发展存在区域
异质性和行业异质性。吴中兵等（2018）则针对战略性新产业创新系统，运
用该模型进行了效率测算。王庆金等（2018）针对高技术产业，基于两种修
正的 DEA 模型，测算了其研发活动运营效率。③随机前沿分析法（SFA）
（涂正革等，2005；易兵等，2009）。肖兴志和谢理（2011）采用 SFA 方法测
算显示，战略性新兴产业创新效率尽管呈波动上升趋势，但与欧美国家相比
存在一定差距。吕岩威等（2013）运用中国战略性新兴产业数据，采用 SFA
模型对其技术效率进行了分行业测算，并实证检验了各类影响因素的实际效
果。李邃等（2010）运用中国 28 个省份高技术产业的面板数据，采用 SFA
方法进行分析发现，考察期内全要素生产率和技术进步效率均呈现一定增长
态势，并且前者增速要低于后者增速；技术效率表现为东部依次高于中部、
西部特征，空间异质性显著。余泳泽和武鹏（2010）利用 SFA 方法测算了中
国 20 个省份的高技术产业在 1996 ~ 2007 年的研发全要素生产率。任保全和
王亮亮（2014）研究发现，产业整体和分产业层面的 TFP 变化率均呈现下滑
态势，其根源在于技术进步率和纯技术效率的不断下滑。齐峰和项本武
（2015）对中国七大战略性新兴产业采集的 46 个样本数据进行 SFA 方法构建
模型，验证其技术效率。任保全（2016）专门研究了长三角地区的战略性新
兴产业发展问题，发现其全要素生产率下降趋势明显。

在企业层面，产业绩效的衡量指标主要有：①总资产回报率（钟覃琳
等，2016）。②托宾 Q 值（胡浩志，2016；吴建祖和肖书锋，2016）。③净资
产收益率（彭中文，2015）；④全要素生产率（TFP）（任曙明和吕镯，2014；
李强，2016；张长征，2005）。陆国庆（2011）基于 2006 ~ 2008 年中小板上

市公司调查数据进行实证分析，发现战略性新兴产业上市公司的企业业绩与市场业绩表现突出。任优生和邱晓东（2017）采用 DEA 方法测算，发现 2006～2014 年战略性新兴产业 TFP 表现为下滑，跌幅呈扩大趋势。李红锦和李胜会（2013）对 2008～2010 年中国 10 家 LED 上市公司进行考察。结果表明，LED 企业绩效较低并且企业间的差距较大。高常水（2011）针对中国 31 个软件产业基地，运用 DEA 方法进行了效率评价。郭馨梅等（2020）也采用该方法，对数字化背景下 51 家零售业上市公司 2011～2018 年的经营效率进行评价，发现其经营效率整体呈下降趋势。

（2）战略性新兴产业绩效的影响因素分析。无论是理论还是现实，众多因素会影响到战略性新兴产业的发展，除了前文提到的政府补贴外，这些因素大体可以归纳为两大类。

宏观层面的影响因素主要有：①知识产权保护（吴超鹏等，2016）。杨高举和黄先海等（2018）基于法院审理知识产权案件视角，深入研究了知识产权保护的技术创新激励效应。②产业集聚。吕洪渠和任燕燕（2018）运用省级层面战略性新兴产业面板数据，发现产业集聚可以正向影响该产业技术创新效率和全要素生产率。③所有制改革（张辉等，2016）。姚凌岚（2010）指出我国产业结构分配不合理，并对其发展方向提出建议。④国际环境。刘爱东（2016）通过实证研究发现，对外反倾销有助于全要素生产率增长。刘薇（2017）从美国 301 调查的研究视角处罚，分析了我国战略性新兴产业发展的应对策略。⑤金融支持。王蕙（2019）深入分析了金融支持的影响，并从规模、结构和效率三个方面提出了对策建议。⑥制度环境。许珂和耿成轩（2018）基于耦合理论模型，发现我国的制度环境和战略性新兴产业创新能力并不是很协调，大多数地区的创新能力发展滞后于制度环境。⑦人力资本。张涵等（2019）从整体、区域、产业 3 个维度分析了人力资本的作用，发现高端人力资本和男性人力资本具有显著的正向作用和溢出效应，而低端人力资本和女性人力资本的正向作用相对较弱，甚至不显著。武力超等（2020）指出企业所在地区的教育水平越高，其创新行为对全要素生产率的提升将具有显著影响。⑧资本市场发育状况。李沙沙等（2017）基于高技术产业数据进行实证检验发现,资本市场扭曲不仅会降低企业研发创新能力,而且会产生严重的资源错配,进而抑制全要素生产率水平上升。⑨环境规制。任优生和任保全(2016)运用分位数回归方法进行实证分析,发现环境规制在低、高研发强度企业、东部地区企业以及民营企业中的作用更强。

微观层面的影响因素主要有:①融资结构。于津平和许咏(2016)采用上市公司研究发现,融资规模和股权融资占比均会影响战略性新兴产业上市公司盈利能力。彭景颂和黄志康(2015)发现,资产负债率和长期资产负债率对公司绩效具有非线性影响,最优资产负债率应该控制在 [0,41.26%],最优的长期资产负债率应该控制在 [0,11.75%]。郝凤霞和季雨洁(2014)则发现,上市公司总资产负债率与企业规模之间具有同步变化趋势,但与企业盈利之间具有反向变动关系。曾繁荣等(2020)基于实证分析发现,新兴产业融资结构对于战略性新兴产业企业绩效的影响是非线性的,适度的负债水平能够显著提高企业绩效。②研发投入强度。研发投入通常被视为促进产业绩效改善的重要手段(张同斌、范庆泉和李金凯,2015),但对于战略性新兴产业的实际作用效果如何尚无定论。一部分学者通过实证分析验证了其正向效应。例如,夏尔马(Sharma,2012)基于印度制药企业样本进行数据分析发现,1%的研发投入增加会导致全要素生产率平均15%的增长。国内学者吴延兵(2006)采用中国制造产业数据进行实证分析,验证了研发投入的生产率效应。周亚虹、贺小丹和沈瑶(2012)通过对我国 2005~2007 年 3 万家工业企业的研究对比后发现企业研发有效提高了生产率,与企业绩效呈现正相关。李嘉明和黎富兵(2004)针对我国计算机行业 30 家上市公司,经过相关性分析和 OLS 回归发现,物质资本可以有效改善企业绩效。钟覃琳等(2016)通过对 A 股上市公司实证研究发现,研发投资是提升企业全要素生产率的重要因素。一部分学者则并不认可研发投入激励效应的存在。例如,兰茨和萨于(Lantz & Sahut,2005)专门针对科技公司开展实证研究,发现研发投资不利于企业财务绩效改善。郭斌(2006)专门针对软件产业进行计量分析,发现研发投入强度不仅会抑制企业利润率,而且会降低企业产出率。陈刚(2010)在分析本地研发资本作用时发现,伴随本地研发资本增加,

TFP 呈下降趋势。目前，较多的研究结果表明，两者并非简单的线性关系。例如，孙晓华（2014）发现研发投入强度与生产率之间的关系并非线性的，而是 U 形结构。董明放和韩先锋（2016）利用空间计量模型进行实证分析，发现研发投入强度的影响具有较强的空间异质性和产业异质性。③产学研合作（吴俊、张家峰和黄东梅，2016）。王仰东（2012）指出产学研可以将区域内创新网络有效整合，汇聚科技资源。杨以文等（2012）通过构建模拟仿真模型发现，当监督不可行时，与成立研发公司相比，校企合作对于企业创新水平的提升作用更强。吴俊等（2016）基于江苏省微观企业数据库进行实证分析发现，根据技术吸收能力成立具有差异化的产学研合作创新联盟才可以更好地促进企业创新。刘雯（2020）认为创新产学研合作有助于企业突破产业关键技术，增强战略性新兴产业核心竞争力。④风险投资。赵玮（2015）基于实证分析发现，风险投资介入不利于企业绩效提升。杜传忠等（2016）以环保产业企业数据作为研究样本，发现风险投资对环保企业发展具有较强的带动作用。⑤股权结构。杜轩和干胜道（2012）在对创业板上市公司进行数据分析时发现，增加第一大股东持股比例有助于企业绩效改善，而第十大股东持股比例的影响并不明显。⑥组织间创新。曹兴等（2014）基于湖南省企业问卷调查数据，发现组织间创新对企业创新绩效产生间接促进影响。⑦社会网络。邓建高等（2015）基于长三角地区的研究发现，社会网络有助于改善战略性新兴产业创新绩效。⑧信贷机制。陈文俊等（2020）通过对上市医药公司分析发现，信贷机制具有创新激励效应。⑨高管背景。温娜（2019）基于高管背景视角研究发现，高管的年龄、任期、学历以及女性高管占比等背景特征均会对企业绩效产生显著影响。

2.2.3 文献评述

综观而论，已有相关研究较为丰富，为本书研究的顺利开展奠定了良好的基础，他们所采用的研究方法以及研究思路可以被本书很好的借鉴，但现有研究仍有几点不足之处。一是现有关于战略性新兴产业绩效评价研究中，大多数文献针对产业、区域或者上市公司数据进行单独分析，并不能科学、全面、系统地展示战略性新兴产业绩效的真实状况，从而导致所提出的对策建议不够精准。二是现有文献实证分析较多，理论分析不足，并且大多注重政府补贴对战略性新兴产业绩效的影响机制研究，对政府补贴机制如何实现有效调整研究不足。本书将做三点改进：第一，在视角上，拓宽战略性新兴产业绩效的内涵。一方面，从宏观或区域视角出发，就产业绩效（TFP）的算法和衡量指标展开探讨；另一方面，从微观或企业视角，测算战略性新兴产业绩效（TFP、财务绩效、创新绩效、环境绩效、出口绩效）。第二，在方法上，本书综合运用固定效应模型、DID、门槛效应模型、模糊定性比较分析方法（FsQCA）对政府补贴影响战略性新兴产业绩效进行实证考察等。第三，在数据上，综合运用《中国统计年鉴》《中国高技术产业统计年鉴》等宏观经济数据，以及中国上市公司数据库、2018～2013 年中国工业企业数据库、中关村科技园微观企业数据库等微观企业数据库，构建中国战略性新兴产业特色数据库。

第 3 章

政府补贴与战略性新兴产业绩效考察

本章重点考察中国战略性新兴产业补贴绩效现状，为后文系统研究中国政府补贴对战略性新兴产业绩效的影响打下良好的数据基础。具体来说，首先，对 2010 年以来中国各级政府出台的与战略性新兴产业相关的政府补贴政策进行全面梳理；其次，着重考察政府补贴的规模、力度、方式等状况；最后，分别从全要素生产率、经济绩效、创新绩效、环境绩效、出口绩效五个层面对中国战略性新兴产业绩效进行科学评价和全面考察。

3.1　中国战略性新兴产业政府补贴考察

3.1.1　中国战略性新兴产业政府补贴政策梳理

战略性新兴产业对于我国实施创新发展战略，实现高质量发展意义重大。2010 年 10 月，国务院发布《关于加快培育和发展战略性新兴产业的决定》，明确提出重点扶持七类战略性新兴产业。2010 年中央政府工作报告中特别指出"发展战略性新兴产业，抢占经济科技制高点"。之后，我国各级政府积极落实中央政策要求，针对战略性新兴产业发展，陆续出台千余份政策文件。

图 3 - 1 显示，2010～2019 年，仅中央部委颁布的总体政策及各产业领域相关政策就达到 941 项。其中 2012 年颁布的政策数量最多，达到 200 余项。根据政策着力点不同，战略性新兴产业政策工具可以划分为三类。其中，供给型政策工具数量占比为 52%，环境型政策工具数量占比为 32%，需求型政策工具数量占比为 16%。表 3 - 1 梳理了 2011 年以来国务院及各部委颁发的促进战略性新兴产业发展的主要政策。其中，政府补贴作为一种重要的供给型政策工具，一直是我国政府产业政策，尤其是战略性新兴产业政策发力的重点。

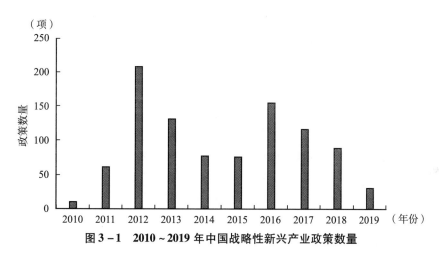

图 3 - 1 2010～2019 年中国战略性新兴产业政策数量

注：2019 年政策检索截至当年 7 月。

资料来源：中国工程科技发展战略研究院. 2020 年中国战略性新兴产业发展报告 [M]. 北京：科学出版社，2019。

表 3 - 1 　　　　　　　2011～2021 年中国战略性新兴产业相关主要政策

政策名称	成文时间
《中华人民共和国国民经济和社会发展第十二个五年规划纲要》	2011 - 03 - 16
《关于加快培育和发展战略性新兴产业的决定》	2010 - 10 - 10
《关于鼓励和引导民营企业发展战略性新兴产业的实施意见》	2011 - 07 - 23
《关于促进战略性新兴产业国际化发展的指导意见》	2011 - 09 - 08

续表

政策名称	成文时间
《国务院办公厅关于加快发展高技术服务业的指导意见》	2011 – 12 – 12
《新材料产业"十二五"发展规划》	2012 – 01 – 04
《关于加强战略性新兴产业知识产权工作的若干意见》	2012 – 04 – 28
《高端装备制造业"十二五"规划》	2012 – 05 – 07
《"十二五"节能环保产业发展规划的通知》	2012 – 06 – 16
《节能与新能源汽车产业发展规划（2012—2020）》	2012 – 06 – 28
《"十二五"国家战略性新兴产业发展规划》	2012 – 07 – 09
《战略性新兴产业发展专项资金管理暂行办法》	2012 – 12 – 31
《科学技术部关于印发国家高新技术产业开发区创新驱动战略提升行动实施方案的通知》	2013 – 03 – 12
《国务院关于加快发展节能环保产业的意见》	2013 – 08 – 11
《国家集成电路产业发展推进纲要》	2014 – 06 – 06
《能源发展战略行动计划（2014—2020 年）》	2014 – 06 – 17
《国务院办公厅关于加快新能源汽车推广应用的指导意见》	2014 – 06 – 11
《国务院办公厅关于促进国家级经济技术开发区转型升级创新发展的若干意见》	2014 – 10 – 30
《国务院关于促进云计算创新发展培育信息产业新业态的意见》	2015 – 01 – 06
《关于实施增强制造业核心竞争力重大工程包的通知》	2015 – 07 – 13
《国务院关于印发促进大数据发展行动纲要的通知》	2015 – 08 – 13
《中华人民共和国国民经济和社会发展第十三个五年规划纲要》	2016 – 03 – 13
《国家创新驱动发展战略纲要》	2016 – 05 – 19
《"十三五"国家战略性新兴产业发展规划》	2016 – 11 – 29
《促进新一代人工智能产业发展三年行动计划（2018—2020 年）》	2017 – 12 – 13
《国务院关于推动创新创业高质量发展打造"双创"升级版的意见》	2018 – 09 – 18
《关于进一步完善新能源汽车推广应用财政补贴政策的通知》	2019 – 03 – 26
《国务院关于推进国家级经济技术开发区创新提升打造改革开放新高地的意见》	2019 – 05 – 18
《关于加快推进战略性新兴产业集群建设有关工作的通知》	2019 – 10 – 10

续表

政策名称	成文时间
《关于扩大战略性新兴产业投资培育壮大新增长点增长极的指导意见》	2020 – 09 – 08
《中华人民共和国国民经济和社会发展第十四个五年规划和 2035 年远景目标纲要》	2021 – 03 – 11

资料来源：国务院及各部委网站。

3.1.2 中国战略性新兴产业政府补贴考察

3.1.2.1 中国战略性新兴产业政府补贴状况：宏观层面

在宏观层面，由于政府未在宏观层面对战略性新兴产业进行专门统计，相关学者大多采用《中国高技术产业统计年鉴》考察战略性新兴产业发展状况。因此，本书基于高技术产业高度相关性，参考刘建民等（2013）的做法，选择高技术产业作为研究对象。计算过程中所需要的数据均源自《中国高技术产业统计年鉴》等国家权威统计数据库。对于部分数据残缺或者有明显错误的数据，采用各省份的统计年鉴进行修正和补齐。由于内蒙古、海南、青海、西藏、青海等 5 个省份数据缺失严重，本书将其舍去，而且本书不包含港澳台数据。借鉴其他学者做法，本书对政府补贴采用科技活动经费筹集额中的政府资金衡量，政府补贴强度采用科技活动经费筹集额中政府资金的比重来表示。

（1）整体情况。图 3 – 2 报告了 2000～2018 年中国战略性新兴产业政府补贴总额和政府补贴强度的变动情况。从中可以看出，中国战略性新兴产业政府补贴总额整体呈现上升态势，由 2000 年的 17.3 亿元波动上升至 2018 年的 204.7 亿元，年均增长幅度达到 16.8%；中国战略性新兴产业政府补贴强度整体呈现下降态势，由 2000 年的 15.56% 波动下降至 2018 年的 6.64%，年均下降幅度达到 3.5%。

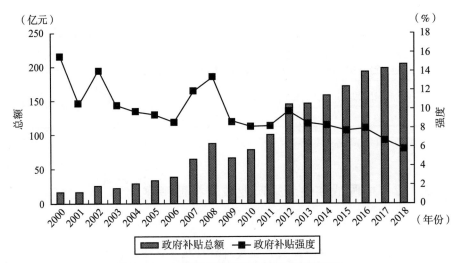

图 3 - 2   中国战略性新兴产业政府补贴状况

资料来源：根据 2000～2018 年《中国高技术产业统计年鉴》相关数据计算所得。

（2）分区域考察。图 3 - 3 报告了 2000～2018 年四大区域战略性新兴产业政府补贴总额的变动情况。从中可以看出，四大区域战略性新兴产业政府补

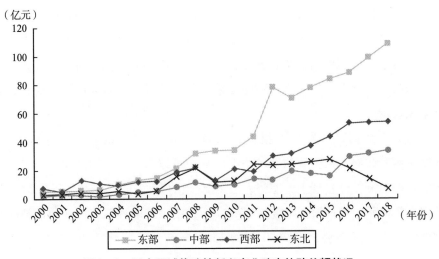

图 3 - 3   四大区域战略性新兴产业政府补贴总额状况

资料来源：根据 2000～2018 年《中国高技术产业统计年鉴》相关数据计算所得。

贴总额整体呈现波动上升态势，但具有显著的区域差异。其中，东部地区的政府补贴规模整体上依次高于西部、中部和东北地区（详细结果见附表1）。

图 3-4 报告了 2000~2018 年四大区域战略性新兴产业政府补贴强度的变动情况。从中可以看出，四大区域战略性新兴产业政府补贴强度整体呈现波动下降态势。其中，东部地区的补贴强度整体上依次低于中部、西部和东北地区（详细结果见附表2）。

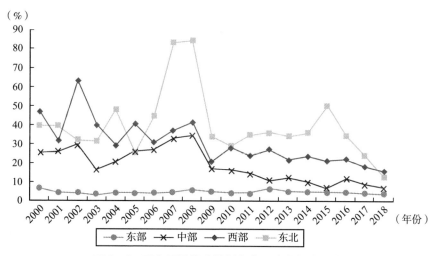

图 3-4　四大区域战略性新兴产业政府补贴强度

资料来源：根据 2000~2018 年《中国高技术产业统计年鉴》相关数据计算所得。

3.1.2.2　中国战略性新兴产业政府补贴状况：微观层面

在政府补贴数据获取上，由于 2017 年国家颁布的新政府补贴准则规定，之后的政府补贴按照该准则对待，从而使 2017 年前后公司所适用的会计处理方法有所不同。因此，为了准确度量政府补贴数据，对 2017 年前后政府补贴变量的获取方式有所差异。2016 年以前，企业的政府补贴数据采用上市公司财务报表中"营业外收入"中的"政府补贴"表示，2017~2019 年企业的政府补贴数据为"营业外收入"和"其他收益"下的政府补贴金额加总。

在样本选择上，现有研究在微观层面上主要以上市公司数据、中国工业企业数据为基础，并根据《战略性新兴产业分类（2018）》来筛选样本，进而考察中国战略性新兴产业政府补贴情况。也有学者根据企业的行业属性、战略性新兴产业的营业收入占比等指标筛选样本（龚立新和昌晓军，2018）。但在实际操作过程中，手动归纳分类可能会导致企业数据不全面，研究结论并不完全可靠。随着国家对战略性新兴产业发展重视程度的不断加大，社会各界在战略性新兴产业如何界定的研究上不断深入。2017 年 1 月 25 日，新兴综指和新兴成指陆续发布。其中，新兴综指对于战略性新兴产业上市公司的产业属性界定更加准确，已成为微观层面衡量中国战略性新兴产业的典型样本。之后，国内众多学者采用新兴综指下的样本股作为战略性新兴产业企业样本（王欢芳等，2020）。为此，本书基于数据的有效性和可得性原则，选取新兴综指下的样本公司作为研究对象。在数据处理上，本书剔除了 ST、ST* 等异常公司，剔除了财务数据不完整的公司，剔除了上市仅一年的公司。在考察政府补贴状况时，借鉴巫强（2014）、马红（2015）、王欢芳（2020）等的做法，政府补贴采用上市公司财政补贴进行衡量；政府补贴强度采用营业收入中政府补贴的比重来衡量。

（1）整体情况。图 3-5 显示，2010~2019 年中国战略性新兴产业上市公司政府补贴额度由 90.52 亿元逐渐上升至 475.39 亿元；政府补贴强度则由 2010 年的 1.05% 上升至 2012 年的 1.5%，然后逐渐下降至 2014 年的 1.3%，之后经过多次波动稳定至 2019 年的 1.38%。

（2）分产权性质考察。图 3-6 报告了按产权性质进行分类统计情况。从中可以看出，尽管企业产权性质有差异，但两者的政府补贴额度均呈现显著的波动上升态势，并且自 2016 年以后，民营企业享受到的政府补贴额度开始高于国有企业（详细结果见附表 3）。

图 3-7 对中国战略性新兴产业上市公司政府补贴强度按产权性质进行了分类统计。从中可以看出，2010~2019 年两者的政府补贴强度均呈现显著的波动上升态势，但政府对民营企业的政府补贴强度整体上要大于国有企业（详细结果见附表 3）。

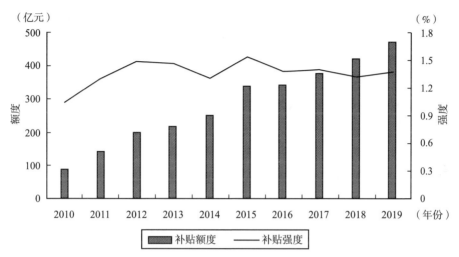

图 3 − 5 中国战略性新兴产业上市公司政府补贴情况

资料来源：根据战略性新兴产业上市公司数据计算所得。

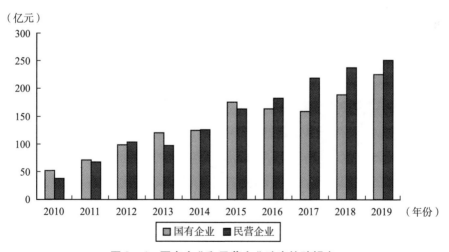

图 3 − 6 国有企业和民营企业政府补贴额度

资料来源：根据战略性新兴产业上市公司数据计算所得。

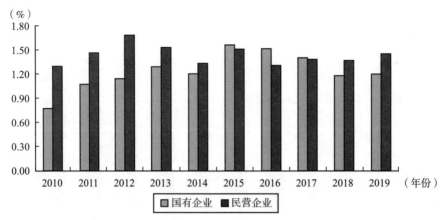

图3-7 国有企业和民营企业政府补贴强度

资料来源:根据战略性新兴产业上市公司数据计算所得。

结合图3-6和图3-7不难看出,中国在对战略性新兴产业上市公司进行财政补贴时,不仅自始至终坚持了一视同仁的态度,而且对民营企业的支持力度在不断加大。

(3)分区域考察。为了深入考察政府补贴的空间差异,图3-8和图3-9分别从区域层面考察了中国战略性新兴产业上市公司政府补贴额度和政府补贴强度状况。

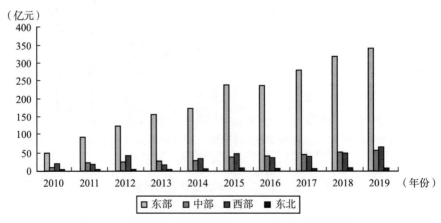

图3-8 分区域战略性新兴产业上市公司政府补贴额度

资料来源:根据战略性新兴产业上市公司数据计算所得。

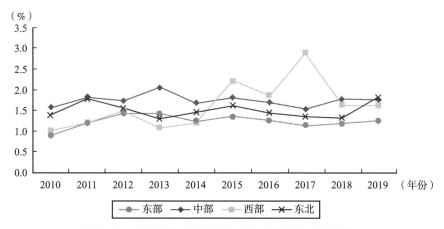

图 3 – 9　分区域战略性新兴产业上市公司政府补贴强度

资料来源：根据战略性新兴产业上市公司数据计算所得。

图 3 – 8 显示，2010 ~ 2019 年东部地区战略性新兴产业上市公司政府补贴额度要远远大于西部、中部和东北地区。这说明与其他地区相比，东部地区是中国战略性新兴产业上市公司政府补贴的重点区域（详细结果见附表 4）。

图 3 – 9 显示，四大区域战略性新兴产业上市公司政府补贴强度均呈现剧烈的波动趋势，但东部地区的政府补贴强度要整体上低于东北、西部和中部地区（详细结果见附表 4）。

3.2　中国战略性新兴产业绩效考察

整合国内外已有研究成果，产业绩效主要采用下列指标进行衡量和考察：一是采用全要素生产率（TFP）衡量。例如，魏下海和余玲铮（2011）、董明放和韩先锋（2016）等基于投入产出指标，分别采用 SFA、DEA-Malmquist 指数法等通过测算全要素生产率，对战略性新兴产业绩效变动情况进行了考察。二是将产业绩效划分为几个维度分别进行考察。例如，刘薇薇和刑菁（2017）分别从经济绩效、环境绩效和创新绩效三个方面考察产业绩效；张夏等（2019）、张纪凤等（2018）、任同莲（2021）分别采用出口规模、出口产品质量和出口产品技术复杂度考察了战略性新兴产业出口绩效。

根据已有研究，国内外学者用来衡量产业绩效的指标主要有全要素生产率、经济绩效、创新绩效、环境绩效和出口绩效。其中，全要素生产率衡量战略性新兴产业发展的整体状况；经济绩效衡量战略性新兴产业盈利状况，大多数采用净资产收益率、托宾 Q 值等指标进行考察；创新绩效衡量战略性新兴产业技术创新成效，主要衡量指标有新产品销售收入、专利申请数量、发明专利申请数等；环境绩效衡量战略性新兴产业环境保护和污染治理的成效，主要采用环保投入额以及相关机构发布的企业环境绩效指数等指标；出口绩效衡量战略性新兴产业产品出口成效，包括出口交货值、出口产品质量等指标。

3.2.1　基于全要素生产率的考察

全要素生产率（TFP）最初的定义为产出增加中生产要素（劳动、资本等）不能解释的部分，而这不能解释的部分常常被解释为技术进步，而（TFP）增长率其本质可以理解为所投入全部要素的综合生产率的增长率。前期研究中，索罗（1956，1957）根据生产函数将人均产出增长率分解为生产要素增加和全要素生产率增长（TFPG）两部分。实际上，全要素生产率包括了除生产要素投入之外的制度建设、资源的配置、技术进步、科技创新、管理等因素，在很大程度上可以作为战略性新兴产业绩效的集中体现，TFP 增长则被视为战略性新兴产业绩效是否提升的重要标志。这一部分将分别从宏观和微观两个层面选取样本，对战略性新兴产业全要素生产率状况进行全面详细的考察。

3.2.1.1　宏观层面考察

（1）测算方法的选取。从现有文献来看，对于宏观和中观层面数据来说，战略性新兴产业 TFP 主要应用生产函数法、DEA 和 SFA 方法。其中，

DEA 由于不限定生产函数形式应用、行为假设不受约束、限制条件少，测算结果准确，应用更为广泛。因此，本书采用 DEA-Malmquist 指数法测算战略性新兴产业 TFP，并从技术进步、技术效率改进、规模效率三个方面分析其内部构成情况。接下来分区域考察 TFP 及其三部分构成的空间异质性。与此同时，本书还就不同省份之间差距的发展态势进行准确判断。

DEA-Malmquist 指数法具体计算过程如下：

首先，将不同省份看成基本决策单位（DMU），投入要素包括劳动力、资本，产出变量为战略性新兴产业主营业务收入。潜在技术前沿定义为

$$L^t(y^t \mid C, S) = \left\{ (X_L^t, X_K^t); Y_P \leqslant \sum_{p=1}^{31} z_p^t Y_p^t; X_{L,p}^t \geqslant \sum_{p=1}^{31} z_p^t X_{L,p}^t \right\} \quad (3-1)$$

其中，C 为不变规模报酬，S 为投入要素可处置，z_p^t 为 DMU 评价技术效率时的权重。此时，根据法雷尔（Farrell）技术效率计算公式定义 $F_0^t(Y^t, X^t \mid C, S)$，并将距离函数定义为 $D_0^t(Y^t, X) = 1/F_0^t(Y^t, X^t \mid C, S)$；$t$ 到 $t+1$ 期的 Malmquist 指数表示为

$$M_0(X^{t+1}, Y^{t+1}, X^t, Y^t) = \left\{ \frac{D_0^t(X^{t+1}, Y^{t+1})}{D_0^t(X^t, Y^t)} \times \frac{D_0^{t+1}(X^{t+1}, Y^{t+1})}{D_{0\tau}^{t+1}(X^t, Y^t)} \right\}^{1/2}$$

$$(3-2)$$

如果 $M_0(X^{t+1}, Y^{t+1}, X^t, Y^t)$ 大于 1，表明当期 TFP 较上期有所提高；如果 M 等于 1 则表示 TFP 没有变化；如果 M 小于 1 则表示下降。可见，用该方法测算出来的数值为 TFP 增长指数。接下来，借助公式（3-2）将 TFP 指数进行分解。

$$M_0(X^{t+1}, Y^{t+1}, X^t, Y^t) = \left\{ \frac{D_0^t(X^{t+1}, Y^{t+1})}{D_0^t(X^t, Y^t)} \times \frac{D_0^{t+1}(X^{t+1}, Y^{t+1})}{D_0^{t+1}(X^t, Y^t)} \right\}^{1/2}$$

$$= \frac{D_0^{t+1}(X^{t+1}, Y^{t+1})}{D_0^t(X^t, Y^t)} \times \left\{ \frac{D_0^t(X^{t+1}, Y^{t+1})}{D_0^{t+1}(X^{t+1}, Y^{t+1})} \right\}^{1/2}$$

$$\times \left\{ \frac{D_0^t(X^t, Y^t)}{D_0^{t+1}(X^t, Y^t)} \right\}^{1/2}$$

$$= \text{PECH} \times \text{SECH} \times \text{TECH} \quad (3-3)$$

其中，PECH 表示纯技术效率变化指数，SECH 表示规模效率指数，TECH 表示技术进步指数。

(2) 数据来源与变量说明。由于战略性新兴产业的宏观层面的准确数据不易获取及其与高技术产业高度相关性，与前文类似，本书选择高技术产业作为研究对象。计算过程中所需要的数据均源于历年《中国高技术产业统计年鉴》《中国统计年鉴》。对于部分数据残缺或者有明显错误的数据，采用各省份的统计年鉴进行修正和补齐。本书研究不含港澳台地区，由于内蒙古、海南、青海、西藏、青海等 5 个省份数据缺失严重，本书将其舍去。最终，本书对中国 26 个省份的战略性新兴产业 TFP 及其构成进行了测算。

产出变量采用战略性新兴产业主营业务收入来表示，并将每一年的数值折算到 2000 年的价格水平。劳动力投入变量采用各省份历年战略性新兴产业从业人员总数表示。资本投入变量则采用各省份战略性新兴产业资本存量表示。资本存量的具体计算过程如下：

首先，将战略性新兴产业全社会固定资产投资额折算到 2000 年价格水平；其次，按照永续盘存法对资本存量进行估算，基本计算公式如下：

$$K_{it} = I_{it}/g, \quad (t = 2001)$$

$$K_{it} = (1 - \delta_t) K_{it-1} + I_{it}, \quad (t = 2002, \cdots, 2015) \qquad (3-4)$$

其中，K_{it} 表示第 i 个省份在第 t 年的资本存量；g 表示 2005~2015 年战略性新兴产业固定资产投资的增长率的平均值；I_{it} 为折算到 2000 年价格水平的固定资本形成总额；δ_t 表示第 t 年的折旧率 ［参考吴延兵等 (2008) 的做法，δ_t 统一取定值 15%］。

(3) 测算结果解读。利用 DEAP 2.1 软件，采用 DEA-Malmquist 指数法，我们得出了各省份战略性新兴产业的 TFP 增长指数及其构成，经过算术平均得出了全国层面的结果。此外，利用变异系数法，我们还对 TFP 增长指数及其构成的内部差距状况进行考察。具体结果如表 3-2 所示。

表 3 – 2　2001～2015 年中国战略性新兴产业 TFP 增长指数及其分解结果

年份	TECH	PECH	SECH	M
2001	0.784	1.184	0.944	0.876
2002	0.886	1.17	1.168	1.211
2003	2.064	0.8	0.755	1.247
2004	1.051	1.212	1.055	1.344
2005	1.094	1.009	1.072	1.184
2006	0.773	1.152	1.251	1.114
2007	1.875	0.798	0.834	1.247
2008	0.792	1.209	1.102	1.055
2009	1.143	0.967	1.028	1.137
2010	0.957	1.153	1.007	1.111
2011	1.411	0.834	0.962	1.132
2012	1.009	1.135	1.051	1.204
2013	1.116	0.958	1.025	1.096
2014	1.05	1.052	0.933	1.031
2015	0.975	1.07	0.981	1.023
均值	1.132	1.047	1.011	1.134

资料来源：根据 DEA-Malmquist 指数法计算后，经过算术平均计算所得。

第一，2001～2015 年战略性新兴产业 TFP 整体呈先增长后波动下降趋势，年平均增长率达到了 13.4%，但 TFP 增长指数呈现波动下降趋势。除 2001 年出现了负增长外，其余年份 TFP 增长指数均大于 1，其中 TFP 增长率在 2004 年达到了最高值 34.4%。具体来说，2001～2004 年，TFP 增长指数由 0.876 上升至 1.344，之后经过连续两年下降后达到 2006 年的 1.114，之后一段时间大体上呈 "上下交替" 式的波动趋势。这也表明战略性新兴产业创新的不连续性和不确定性。

第二，从 TFP 增长指数的分解结果来看，技术进步对 TFP 增长指数的贡献最大，其年平均值达到 1.132；纯技术效率变化指数其次，其年均值为

1.047；规模效率指数最低，其年均值仅为 1.011。这表明技术进步和技术效率改善是战略性新兴产业创新发展的主要动力，而规模效率的支撑作用不强。实际上，规模效率增长缓慢正是战略性新兴产业快速增长中的重复建设、同质化竞争等问题的集中体现。可见，如何避免各省份之间的同质化、低水平竞争，有效优化投资结构，是解决战略性新兴产业规模不经济问题的关键，这也是接下来战略性新兴产业 TFP 增加的主要着力点。

第三，2001～2015 年，TFP 增长指数的变异系数从 0.628 动态波动至 0.304（见表 3-3），其中 2004 年达到最大值 0.732，2010 年达到最小值 0.223，整体上 TFP 增长指数呈下降趋势，表明不同省份战略性新兴产业 TFP 之间的差距在不断缩小，收敛特征明显。

表 3-3　　　　2001～2015 年中国战略性新兴产业 TFP 增长
指数及其分解指数的变异系数

年份	CV. TECH	CV. PECH	CV. SECH	CV. M
2001	0.339	0.752	0.428	0.628
2002	0.254	0.739	0.446	0.595
2003	0.317	0.340	0.240	0.518
2004	0.101	0.397	0.244	0.732
2005	0.131	0.499	0.275	0.409
2006	0.293	0.452	0.417	0.362
2007	0.289	0.248	0.237	0.531
2008	0.397	0.351	0.212	0.341
2009	0.258	0.310	0.207	0.421
2010	0.245	0.268	0.114	0.223
2011	0.152	0.234	0.115	0.306
2012	0.196	0.462	0.148	0.417
2013	0.219	0.225	0.152	0.328
2014	0.123	0.201	0.158	0.287

续表

年份	CV. TECH	CV. PECH	CV. SECH	CV. M
2015	0.191	0.185	0.167	0.304
均值	0.234	0.378	0.237	0.427

注：CV. TECH、CV. PECH、CV. SECH、CV. M 分别表示其变异系数。

第四，TFP 增长指数三部分构成的内部差距也大体上呈现逐年缩小态势，但技术进步指数的内部差距要依次小于规模效率指数和纯技术效率变化指数，三者变异系数年均值分别为 0.234、0.237 和 0.378。原因在于，我国在改革开放初期实行"东部优先"战略，之后又依次实行了"西部大开发""中部崛起"和"东北振兴"等均衡发展战略，东部省份对口帮扶西部省份，中部、西部和东北地区有效承接了东部地区的产业转移和技术溢出。因此，不同省份在技术进步、规模效率和纯技术效率方面之间的差距在不断缩小。

考虑到各省份在经济状况、地理位置等方面的差异，接下来将各省份划分为四个区域做深入分析。

图 3-10 给出了四个区域战略性新兴产业 TFP 增长指数的变动情况。从中可以看出：首先，四个区域的 TFP 增长指数均大体上呈波动下降趋势，但大部分年份 TFP 增长指数大于 1，表明各区域战略性新兴产业 TFP 总体上是正增长，这与全国层面 TFP 增长指数的变动趋势一致。其次，在战略性新兴产业 TFP 增长指数中，中部地区整体上要依次高于西部、东部和东北地区，但中部地区的年度波动比较剧烈（详细结果见附表5）。

图 3-11 报告了四个区域战略性新兴产业 TFP 增长指数的变异系数波动情况。第一，东部地区的变异系数整体上要依次小于东北、中部和西部地区，这表明在战略性新兴产业 TFP 增加过程中，东部省份的内部差距最小，而西部省份的内部差距最大。第二，东部、中部和西部三个区域的变异系数大体呈下降趋势，而东北则大体呈上升趋势。其中，东部的变异系数从 0.261 波动下降至 0.171，中部的变异系数从 0.599 波动下降至 0.189，西部的变异系数从 0.735 波动下降至 0.413，东北的变异系数从 0.166 波动上升至 0.356。

从变化幅度来看，中部的变异系数下降了 68.4%，降低幅度依次大于西部（43.8%）和东部（34.5%），而东北则增加了 114.5%。这表明在战略性新兴产业 TFP 增长过程中，中部、东部和西部三个区域内部省份之间的差距在不断缩小，而东北地区三个省份之间的差距在不断扩大（详细结果见附表5）。

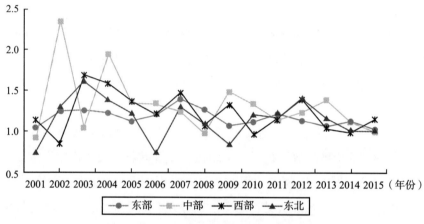

图 3 - 10　四大区域的 TFP 增长指数情况

资料来源：根据 DEA-Malmquist 指数法计算后，分区域计算所得。

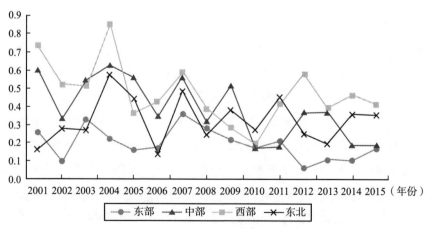

图 3 - 11　四大区域的 TFP 增长指数的变异系数情况

资料来源：根据各省份 TFP 增长指数变异系数，分区域算术平均计算所得。

表 3-4 报告了各区域战略性新兴产业 TFP 增长指数三部分构成的整体情况。第一,在技术进步指数方面,中部最高,平均值为 1.184;东部和西部紧随其后,平均值分别为 1.174 和 1.164;东北最低,平均值仅为 1.102。从内部省份的差距来看,东部地区内部省份在技术进步之间的变异系数最小,平均值为 0.182;中部次之,平均值为 0.218;东北和西部相差不大,平均值分别为 0.232 和 0.237。第二,在纯技术效率变化指数方面,中部最大,平均值为 1.221,要依次大于东北、西部和东部。但东部的内部差距最小,其变异系数平均值为 0.195;西部和东北其次,其变异系数平均值分别为 0.32 和 0.342;中部最大,其变异系数平均值为 0.342。第三,在规模效率指数方面,中部最高,其平均值达到 1.073;西部和东部其次,其均值分别为 1.039 和 1.024;东北最低,其平均值仅为 1.009。但东北的内部差距最小,其变异系数为 0.099,要依次低于东部、中部和西部。第四,从各地区 TFP 增指数的结构来看,东部和西部主要依靠技术进步,而中部和东北主要依赖于技术效率的改善,东北地区的规模不经济问题最为突出。

表 3-4　　　　　四大区域的 TFP 的分解结果及其变异系数情况

区域	TECH	PECH	SECH	CV. TECH	CV. PECH	CV. SECH
东部	1.174	1.027	1.024	0.182	0.195	0.137
中部	1.184	1.221	1.073	0.218	0.393	0.241
西部	1.164	1.105	1.039	0.237	0.32	0.277
东北	1.102	1.146	1.009	0.232	0.342	0.099

资料来源:先按年份计算各省份均值,再按照区域计算各区域均值。

下面详细分析 26 个省份全要素生产率的具体情况。

图 3-12 报告了 26 个省份战略性新兴产业 TFP 增长指数情况。从中可以看出,江西、重庆、江苏等 24 个省份的战略性新兴产业发展较好,其 TFP 增长指数均大于 1,而甘肃、宁夏则最差,其 TFP 增长指数均小于 1。26 个省份中,仅江西、重庆、江苏等前 10 个省份的战略性新兴产业 TFP 增长指数高

于全国平均水平，并且这 10 个省份中，3 个省份属于中部地区，5 个省份属于东部地区，2 个省份属于西部地区。而后 10 位省份中，东部地区有 3 个（上海、天津、河北），中部地区有 2 个（山西、湖南），西部地区有 4 个（四川、广西、甘肃、宁夏），东北地区有 1 个（吉林）（详细结果见附表6）。

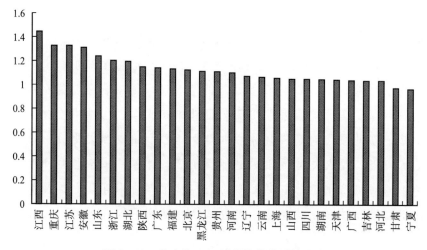

图 3 - 12 分省份 TFP 增长指数的测算结果

表 3 - 5 报告了各省份战略性新兴产业 TFP 增长指数的分解情况。从中可以看出，北京、天津、辽宁等 16 个省份的 TFP 增长主要得益于技术进步，而陕西、河北、山西等 10 个省份的 TFP 增长则依赖于技术效率的改善。可见，技术进步和技术效率改进是当前各省份战略性新兴产业 TFP 增长的主要动力，而规模效率支撑作用的发挥在各省份还未得到充分的发挥。

表 3 - 5   各省份 TFP 的分解结果

省份	TECH	PECH	SECH	省份	TECH	PECH	SECH
北京	1.129	1	1	重庆	1.245	1.066	1.004
天津	1.052	1	1	四川	1.068	0.992	0.998
辽宁	1.045	1.027	1.006	云南	1.105	0.997	0.972

续表

省份	TECH	PECH	SECH	省份	TECH	PECH	SECH
黑龙江	1.099	1.027	0.993	陕西	1.057	1.093	1.001
上海	1.062	0.997	1.002	河北	1.01	1.028	0.998
江苏	1.339	1	0.996	山西	0.996	1.088	0.977
浙江	1.162	1.048	0.996	吉林	0.926	1.129	0.991
福建	1.165	0.977	1	安徽	1.118	1.13	1.038
江西	1.401	1.014	1.021	河南	1.046	1.048	1.01
山东	1.195	1.001	1.039	湖南	0.971	1.085	1.004
湖北	1.081	1.037	1.073	贵州	1.006	1.112	0.998
广东	1.085	1	1.053	甘肃	0.951	1.059	0.969
广西	1.032	1.021	0.991	宁夏	0.982	1	0.985

　　本书基于宏观层面数据，将全要素生产率作为代理变量对中国战略性新兴产业产业绩效进行实证考察，得出的主要结论有：第一，我国战略性新兴产业 TFP 整体呈上升趋势，年平均增长率达到 13.4%，但 TFP 增长速度呈波动下降态势，但各省份之间的差距在不断缩小，技术进步是推动 TFP 增长的最主要因素。第二，中部地区的战略性新兴产业 TFP 增长速度要依次高于西部、东部和东北地区。但东部和西部主要依靠技术进步，而中部和东北则主要依赖于技术效率改进，并且东北地区的规模不经济问题最为突出。中部、西部和东部三个区域内部省份的战略性新兴产业 TFP 之间的差距在逐渐变小，而东北则呈现进一步扩大趋势。第三，我国 26 个省份中，仅甘肃、宁夏 2 个省份的战略性新兴产业 TFP 增长指数小于 1，其余 24 个省份的 TFP 都实现了正增长，但高于全国 TFP 增长平均指数的省份只有江西、重庆、江苏等 10 个省份。北京、天津、辽宁等 16 个省份的 TFP 增长主要得益于技术进步，而陕西、河北、山西等 10 个省份的 TFP 增长则依赖于技术效率的改善。

3.2.1.2 微观层面考察

　　（1）方法选取与变量说明。在微观企业层面，全要素生产率的测算方法主要有 OLS、FE、OP 法、LP 法、ACF 法等。考虑到最小二乘法、固定效应法等传统方法存在样本选择偏误、样本信息利用不充分、研究条件苛刻等缺陷，本书将分别采用 OP 和 LP 两种方法。

第一，OP 法。这是一种半参数估计值方法。该方法运用的前提条件是，企业的投资决策由当前企业生产率决定。该方法成功解决了同时性偏差问题，运用较广。该方法主要由两个步骤构成：

首先，建立资本存量计算关系，如式（3－5）所示：

$$K_{it+1} = (1-\delta)K_{it} + I_{it} \qquad (3-5)$$

其中，K_{it+1} 是企业资本存量，I_{it} 代表当期投资。式（3－5）表示企业的当期资本价值与投资是正交的。

其次，对于可以被企业观测到并影响当期要素选择的 ϖ_{it}，构建一个最优投资函数：$i_{it} = i_t(\varpi, k_{it})$，求出其反函数并代入生产函数估计方程：

$$y_{it} = \beta \times l_{it} + \gamma \times k_{it} + h_t(i_{it}, k_{it}) + e_{it} \qquad (3-6)$$

式（3－6）等号右边第 1 项代表劳动的贡献率，等号右边的第 2、第 3 项表示资本的贡献，将后面定义为：$\phi_{it} = \gamma \times k_{it} + h_t(i_{it}, k_{it})$，并对 $y_{it} = \beta \times l_{it} + \phi_t + e_{it}$ 进行估计，得到劳动项的系数。之后构建以下公式：

$$V_{it} = \gamma \times k_{it} + g(\phi_{it-1} - \gamma k_{it-1}) + \mu_{it} + e_{it} \qquad (3-7)$$

基于类似的分析思路，估计出资本项系数。最后，利用生产函数和一致的资本和劳动的系数，可以得出全要素生产率的对数值。

第二，LP 法。该方法最早由莱文森和彼得林（Levinsohn & Petrin，2003）提出。与 OP 方法相比，该方法采用更易获得的中间品投入指标，不存在样本丢失问题，代理变量的遴选范围更宽。借鉴鲁晓东和连玉君（2012）的做法，具体模型构建如下：

$$\ln Y_{it} = \beta_0 + \beta_1 \ln K_{IT} + \beta_2 \ln L_{it} + \beta_3 \ln Mat_{it} + \sum Year + \sum Ind + \varepsilon_{it}$$

$$(3-8)$$

其中，i 表示企业，t 表示年份，$\ln Y$ 为企业主营业务收入的对数，$\ln K$ 为企业固定资产净值的对数，$\ln L$ 为企业员工数量的对数，$\ln Mat$ 为购入商品和接受劳务支付的现金的对数，*Year* 和 *Ind* 为控制的年度和行业效应，ε 为误差项。

（2）数据来源。采用 OP 和 LP 方法测算企业全要素生产率时，与微观层面测算战略性新兴产业政府补贴时的做法相类似，选取新兴综指下的上市公司作为研究样本，并且剔除了 ST、*ST 异常公司，剔除了财务数据不完整的上市公司，剔除了上市时间仅 1 年的上市公司。

（3）测算结果解读。

①OP 方法测算结果。图 3 - 13 展示了采用 OP 法测算所得的结果。从中可以看出，2010 ~ 2019 年中国战略性新兴产业上市公司的全要素生产率呈现先下降后缓慢上升的趋势，全要素生产率年均值为 3.476。其中，2015 年全要素生产率最小，仅为 3.41；2010 年全要素生产率最大，达到 4.88。

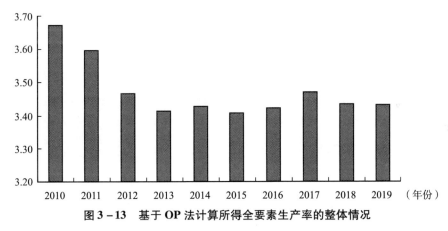

图 3 - 13　基于 OP 法计算所得全要素生产率的整体情况

资料来源：对战略性新兴产业上市公司全要素生产率（OP 法），分年算术平均计算所得。

为了进一步考察国有企业和民营企业全要素生产率的差异，图 3 - 14 报告了全要素生产率按产权性质分组情况。图 3 - 14 显示，当采用 OP 法时，无论是国有企业还是民营企业，其全要素生产率均呈现先下降后缓慢上升的变动趋势，这与全国情况保持一致。国有企业的全要素生产率整体上要高于民营企业（详细结果见附表 7）。

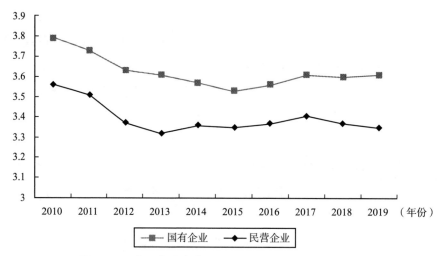

图 3 - 14　全要素生产率（OP 法）分产权性质考察情况

资料来源：对战略性新兴产业上市公司全要素生产率（OP 法），按照国有企业和民营企业分类后，分别按年份算术平均计算所得。

②LP 方法测算结果。图 3 - 15 显示，2010 ~ 2019 年中国战略性新兴产业上市公司全要素生产率也呈现先下降后上升的 U 形结构，全要素生产率年均值为 8.004。其中，2013 年全要素生产率最小，仅为 7.802；2019 年全要素生产率最大，达到 8.254。

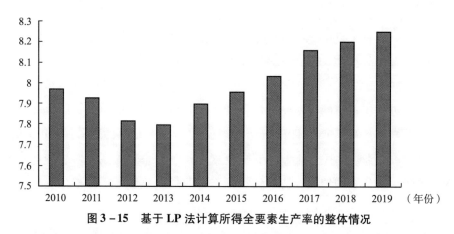

图 3 - 15　基于 LP 法计算所得全要素生产率的整体情况

资料来源：对战略性新兴产业上市公司全要素生产率（LP 法），分年算术平均计算所得。

图 3 - 16 显示，当采用 LP 法时，国有企业全要素生产率整体呈现缓慢上升趋势，而民营企业全要素生产率则呈现出显著的先下降后上升的变动趋势。与 OP 方法测算结果类似，国有企业的全要素生产率整体上要高于民营企业（详细结果见附表 7）。

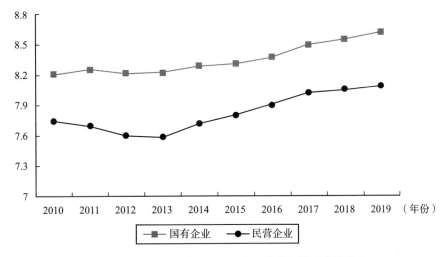

图 3 - 16　全要素生产率（LP 法）分产权性质考察情况

资料来源：对战略性新兴产业上市公司全要素生产率（LP 法），按照国有企业和民营企业分类后，分别按年份算术平均计算所得。

3.2.2　基于经济绩效的考察

根据经济绩效的内涵，参考已有研究成果，本书选取新兴综指下的样本公司作为研究样本，采用托宾 Q 值和净资产收益率衡量中国战略性新兴产业上市公司经济绩效。结果如图 3 - 17 所示。

从中可以看出，2010 ~ 2019 年中国战略性新兴产业上市公司托宾 Q 值均大于 1，且呈现先下降后上升再下降又上升的 W 形结构。其中 2015 年托宾 Q 值达到最大，为 4.86；2018 年托宾 Q 值达到最小，为 1.76。2010 ~ 2019 年中国战略性新兴产业上市公司净资产收益率呈现波动下降趋势。其中 2010 年净资产收益率最高为0.11；2018年净资产收益率最低，仅为 - 0.01（详细结果见附表8）。

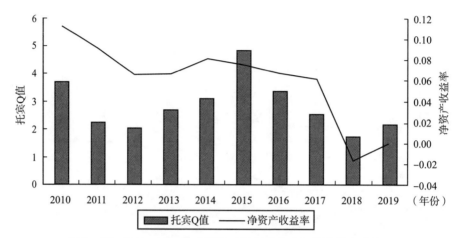

图3 - 17　2010～2019年中国战略性新兴产业经济绩效变动情况

资料来源：对战略性新兴产业上市公司托宾Q值和净资产收益率按年份算术平均计算所得。

3.2.3　基于创新绩效的考察

基于宏观和微观两个层面的数据，本书对中国战略性新兴产业创新绩效进行全面考察。

3.2.3.1　宏观层面

基于数据可得性，选择高技术产业作为研究对象，并根据创新绩效的内涵，本书考察了战略性新兴产业新产品销售收入、新产品销售收入占比和专利申请数量的变动趋势。

表3 - 6报告了中国战略性新兴产业专利申请情况。从中可以看出，无论是专利申请数还是每万人专利申请均呈现显著的上升趋势。其中，专利申请数由2004年的11016件上升至2015年的114234件，增长9倍多；每万人专利申请数由2004年的18.88增长至2015年的84.83，增长约3.5倍。

表 3 - 6 宏观层面中国战略性新兴产业专利申请情况 单位：件

年份	专利申请数	每万人专利申请数
2004	11016	18.88
2005	16794	25.47
2006	24255	32.76
2007	34403	41.01
2008	39633	42.14
2009	51423	53.97
2010	59601	54.84
2011	77619	68.02
2012	97101	76.89
2013	102308	79.47
2014	119768	90.82
2015	114234	84.83

资料来源：首先，根据历年《中国高技术产业统计年鉴》，按年份分别对各省份战略性新兴产业专利申请数、平均从业人数加总，得到每年全国战略性新兴产业专利申请数和平均从业人数；其次，将每年全国战略性新兴产业专利申请数除以平均从业人数乘以 10000 得到每万人专利申请数。

从图 3 - 18 可以看出，2004～2015 年中国战略性新兴产业新产品销售收入整体呈现显著的上升趋势（2009 年有小幅度下滑），新产品销售收入年均增幅达到 18% 以上；新产品销售收入占比则呈现出明显波动趋势，其间该指标虽然有所下滑，但 2015 年该指标又表现出上升态势，新产品销售收入占比年均值达到 20% 以上。

3.2.3.2 微观层面

本书选取新兴综指下的样本公司作为研究样本，采用托宾 Q 值和净资产收益率衡量中国战略性新兴产业上市公司经济绩效。图 3 - 19 显示，2010～2018 年中国战略性新兴产业上市公司专利申请数量和发明专利申请数量整体呈现上升态势，但 2018 年这两个指标均有一定的下滑趋势；发明专利占比呈现稳中向好态势，尤其是 2018 年发明专利占比达到了 64.4%（详细结果见附表 9）。

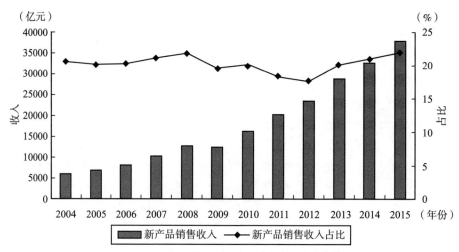

图 3 – 18 宏观层面中国战略性新兴产业新产品销售收入变动情况

资料来源：首先，根据历年《中国高技术产业统计年鉴》，按年份分别对各省份战略性新兴产业新产品销售收入、主营业务收入加总，得到每年全国战略性新兴产业的新产品销售收入数和主营业务收入；其次，将每年全国战略性新兴产业新产品销售收入除以主营业务收入得到新产品销售收入占比。

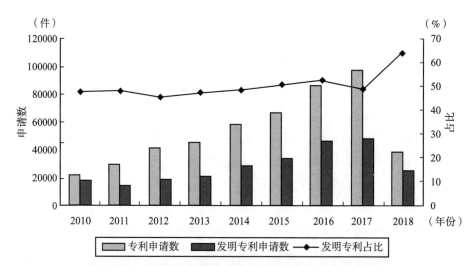

图 3 – 19 微观层面中国战略性新兴产业创新绩效变动情况

资料来源：专利申请数和发明专利申请数为战略性新兴产业上市公司按年份分别加总所得；发明专利占比等于发明专利申请数除以专利申请数。

3.2.4　基于环境绩效的考察

本书采用和讯网测算的上市公司社会责任指数中的环境责任指数来衡量环境绩效。原因在于，环境责任指数的构成紧扣环境绩效的内涵，分别从环保意识、环境管理体系认证、环保投入金额、排污种类数和节约能源种类数五个维度构建了综合指标体系。该指数已被较多的文献用于企业环境绩效的相关研究（邹小芃等，2019）。

图 3-20 报告了计算结果。从中可以看出，中国战略性新兴产业上市公司环境绩效呈现先下降后上升的变动态势，尤其是 2014 年，环境绩效指数仅为 1.12。

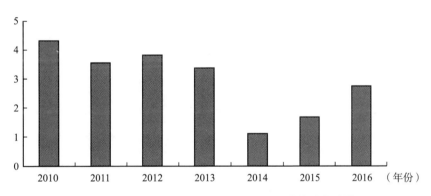

图 3-20　中国战略性新兴产业上市公司环境绩效变动情况

资料来源：环境责任指数通过战略性新兴产业上市公司按年份算术平均所得。

3.2.5　基于出口绩效的考察

出口绩效是指产业（企业）在出口方面取得的成效。目前，学者大多数采用出口交货值、出口额、出口产品质量等指标对其衡量。基于数据可得性和出口绩效内涵，本书分别从宏观和微观两个层面对出口绩效的相关指标进行实际考察。

宏观层面，本书分别对中国战略性新兴产业出口交货值和出口额进行考察。出口交货值数据源于历年《中国高技术产业统计年鉴》；出口额数据源于《世界银行数据库》，采用高科技出口数据衡量。

图 3 - 21 显示，中国战略性新兴产业出口交货值大体呈逐年上升态势（仅 2009 年有小幅下滑）。其中，出口交货值从 2000 年的 3388 亿元增加到 2015 年的 50293 亿元，年均增幅超过 20%。图 3 - 22 显示，中国战略性新兴产业出口额整体呈现波动上升趋势，由 2007 年的 3425. 73 亿美元上升至 2021 年的 9423. 14 亿美元，增长了近 2 倍。

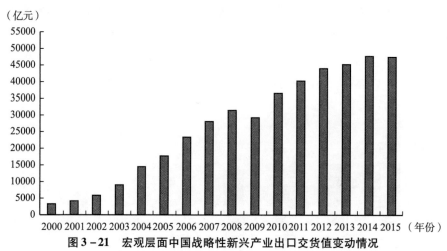

图 3 - 21　宏观层面中国战略性新兴产业出口交货值变动情况

资料来源：2000 ~ 2015 年《中国高技术产业统计年鉴》。

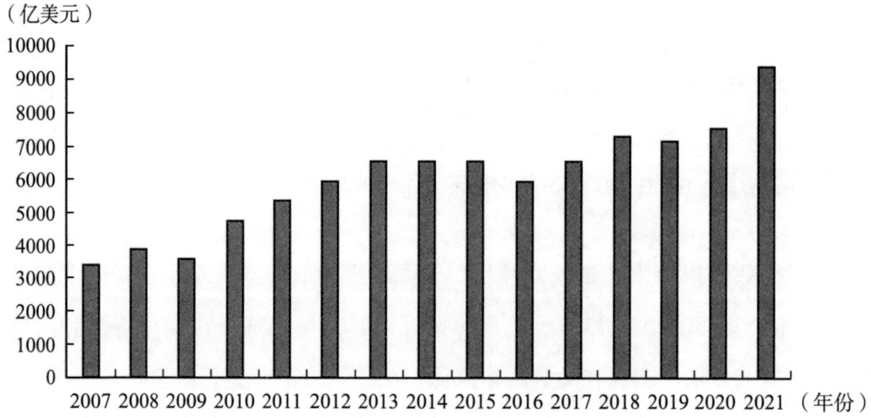

图 3 - 22　中国战略性新兴产业出口额变动情况

资料来源：《世界银行数据库》。

微观层面，一是本书选取新兴综指下的样本公司作为研究样本考察中国战略性新兴产业上市公司出口交货值。二是采用中国工业企业数据库数据，经过与新兴综指匹配筛选后，利用目前主流的需求信息反推法测算出口产品质量，通过计算企业出口产品质量来考察战略性新兴产业出口绩效。

图 3 – 23 显示，2010～2019 年出口交货值整体呈现上升态势，由 2010 年的 2275 亿元上升至 2019 年的 12502 亿元，增长 4.5 倍。

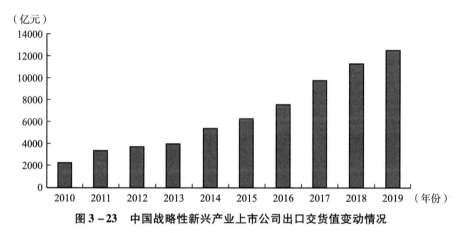

（亿元）

图 3 – 23 中国战略性新兴产业上市公司出口交货值变动情况

资料来源：对战略性新兴产业上市公司出口交货值分年度加总所得。

图 3 – 24 显示，2008～2013 年企业出口产品质量呈现先下降后缓慢上升趋势。具体来说，2008 年出口产品质量为 0.788，之后下降至 2009 年的 0.781，2012 年出口产品质量达到最大值（0.794），2013 年出口产品质量小幅下滑至 0.793。按企业产权性质分类来看，外资企业出口产品质量整体上要依次高于民营企业和国有企业（详细结果见附表 10）。

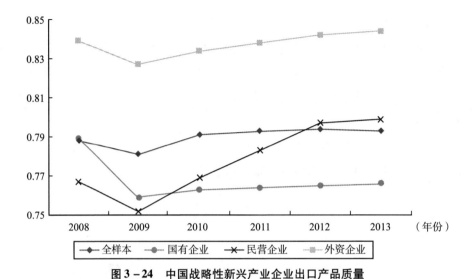

图 3 – 24   中国战略性新兴产业企业出口产品质量

资料来源：对战略性新兴产业企业出口产品质量分年度算术平均所得。

3.3   本 章 小 结

本章分别对中国战略性新兴产业政府补贴和绩效进行了实际考察。在政府补贴方面，首先梳理了战略性新兴产业政府补贴的相关政策，并从宏观和微观两个层面对其变动趋势进行了考察。结果显示，中国战略性新兴产业政府补贴额度呈现上升趋势，但政府补贴强度呈现下降趋势；在中国战略性新兴产业绩效方面，分别对全要素生产率、经济绩效、创新绩效、环境绩效、出口绩效进行了考察。结果显示：第一，宏观层面，全要素生产率呈现上升趋势，但增长指数呈波动下降趋势；微观层面，OP 方法测算的全要素生产率呈下降趋势，LP 方法测算的全要素生产率呈上升趋势。第二，经济新绩效呈现波动下降趋势。第三，创新绩效在采用不同指标衡量时均呈现波动上升趋势。第四，环境绩效呈现剧烈的波动下降趋势。第五，采用出口交货值或出口额进行衡量出口绩效时，其呈现出显著的上升趋势；采用出口产品质量衡量出口绩效时，其呈现先下降后缓慢上升的趋势。

第 4 章

理论分析框架构建与研究假设

4.1 政府补贴与战略性新兴产业全要素生产率

4.1.1 作用机制分析

4.1.1.1 理论分析

与其他产业相比，战略性新兴产业具有知识和技术密度高、研发费用高、技术开发难度大、产业增加值高等特点。因此，单纯依靠高技术产业，其全要素生产率提升难度较大。由前文可知，全要素生产率包含了制度建设、资源的配置、技术进步、科技创新、管理等因素，在很大程度上可以作为战略性新兴产业绩效的衡量指标。影响全要素生产率的因素众多，政府补贴是其中一个重要影响因素。霍尔和迈雷思（Hall & Mairesse，1995）基于理论和实证分析发现，政府补贴对全要素生产率有显著的促进作用。王乔（2019）等发现，财政补贴这一"触媒"作为外生变量存在收入效应、挤出效应和保险效应，进而对企业技术进步和全要素生产率产生正向效应。第一，政府补贴具有规模效应。已有研究表明,规模经济效率是全要素生产率的重要组成部分。而政府补贴会诱导战略性新兴产业增加投资,为其带来良好的收益,产生经济规模效应,进而提高其全要素生产率。第二,政府补贴具有研发诱导效应。政府对战略性新兴产业补贴,会分担高技术项目研发成本,缓解融资约束问题,从而带动战略性新兴产业研发经费投入,使技术创新和进步成为可能。技术进步和产业创新进一步通过扩散效应和外溢效应带来全要素生产率水平的持续提高。第三,政府补贴这种政府行为本身就可以为投资者传递一种利好的信号,为战略性新兴产业带来一种正面形象的促进作用,这种信号有利于其获得多渠道的融资,可以从另一个角度减少资金压力,促进资源的有效配置。

4.1.1.2 数理推导

基于麦克劳德和库姆巴卡尔(McCloud & Kumbhakar,2008)的"触媒"思想,假定政府补贴 Sub_{it} 具有可独立于生产函数之外、非生产唯一投入要素,以及可通过影响技术效率、技术进步等来改变企业全要素生产率等特点,基于麦克劳德和库姆巴卡尔(McCloud & Kumbhakar,2008)的"触媒"思想,借鉴胡春阳和王展祥(2020)等研究的思路,将其作为"触媒"纳入生产函数,对詹纳卡斯(Giannakas,2001)模型进行修正。其生产函数形式如下:

$$Y_{it} = \Phi(Sub_{it})f(K_{it},\ L_{it},\ Sub_{it},\ t;\ \beta) \qquad (4-1)$$

其中, K_{it}、L_{it}、β、$\Phi(\cdot)$ 分别为资本投入、劳动投入、待估参数向量、财政补贴效率函数,财政补贴通过 $\Phi(\cdot)$ 影响企业技术效率,同时也通过进入 $f(\cdot)$ 影响劳动、资本等要素的产出弹性和技术进步。

根据式(4-1)求得产出增长率 y_{it},则有

$$y_{it} = \frac{dLnY_{it}}{dt} = \frac{\partial Ln\Phi(Sub_{it})}{\partial LnSub_{it}} \times \frac{dLnSub_{it}}{dt} + \frac{\partial Lnf(K_{it},\ L_{it},\ Sub_{it},\ t;\ \beta)}{\partial t}$$

$$+ \frac{\partial Lnf(K_{it},\ L_{it},\ Sub_{it},\ t;\ \beta)}{\partial LnK_{ijt}} \times \frac{dLnK_{ijt}}{dt} + \frac{\partial Lnf(K_{it},\ L_{it},\ Sub_{it},\ t;\ \beta)}{\partial LnL_{ijt}}$$

$$\times \frac{\mathrm{d}\mathrm{Ln}L_{ijt}}{\mathrm{d}t} + \frac{\partial \mathrm{Ln}f(X_{it}, Sub_{it}, t; \beta)}{\partial \mathrm{Ln}Sub_{it}} \times \frac{\mathrm{d}\mathrm{Ln}Sub_{it}}{\mathrm{d}t} \qquad (4-2)$$

接下来，令

$$\frac{\partial \mathrm{Ln}\Phi(Sub_{it})}{\partial \mathrm{Ln}Sub_{it}} \times \frac{\mathrm{d}\mathrm{Ln}Sub_{it}}{\mathrm{d}t} = TEC_{it}, \quad \frac{\partial \mathrm{Ln}f(X_{it}, Sub_{it}, t; \beta)}{\partial t} = TC_{it},$$

$$\frac{\partial \mathrm{Ln}f(K_{it}, L_{it}, Sub_{it}, t; \beta)}{\partial \mathrm{Ln}K_{ijt}} = \varepsilon_{ikt}, \quad \frac{\partial \mathrm{Ln}f(K_{it}, L_{it}, Sub_{it}, t; \beta)}{\partial \mathrm{Ln}L_{ijt}} = \varepsilon_{ilt}$$

$$\frac{\partial \mathrm{Ln}f(X_{it}, Sub_{it}, t; \beta)}{\partial \mathrm{Ln}Sub_{it}} = \varepsilon_{it}^{sub}$$

又 $\dfrac{\mathrm{d}\mathrm{Ln}Sub_{it}}{\mathrm{d}t} = sub_{it}$，且 $\dfrac{\mathrm{d}\mathrm{Ln}K_{ijt}}{\mathrm{d}t} = k_{ijt}$，$\dfrac{\mathrm{d}\mathrm{Ln}L_{ijt}}{\mathrm{d}t} = l_{ijt}$，因而有

$$tfp_{it} = y_{it} - \lambda_{ikt}k_{ijt} - \lambda_{ilt}k_{ilt} - \lambda_{it}^{sub}sub_{it} = TEC_{it} + TC_{it} + (\varepsilon_{ikt} - \lambda_{ikt})k_{it}$$
$$+ (\varepsilon_{ilt} - \lambda_{ilt})l_{it} + (\varepsilon_{it}^{sub} - \lambda_{it}^{sub})sub_{it} \qquad (4-3)$$

其中，tfp_{it}、TEC_{it} 和 TC_{it} 分别表示企业 i 第 t 年全要素生产率增长率、技术效率变化和技术进步（假定要素投入不变）；ε_{ikt} 和 ε_{ilt} 分别表示资本和劳动力的产出弹性；λ_{ikt} 和 λ_{ilt} 分别表示资本和劳动力的预算偏好（受要素价格簇的约束，且有 $\lambda_{ikt} + \lambda_{ilt} = 1$）；$(\varepsilon_{ikt} - \lambda_{ikt})k_{it} + (\varepsilon_{ilt} - \lambda_{ilt})l_{it}$ 表示要素配置效率；ε_{it}^{sub} 和 λ_{it}^{sub} 分别表示要素投入不变条件下财政补贴的产出弹性和财政补贴政策投入生产研发活动中的比率。假定理想状态下有 $\lambda_{it_0}^{sub} = 1$，则用两者之差 $[(\varepsilon_{it}^{sub} - \lambda_{it}^{sub})sub_{it}]$ 表示政府补贴配置效率。

显然，从式（4-3）来看，当资本和劳动投入不变时，政府补贴作为"触媒"可通过技术效率促进企业全要素生产率提升，其本身也可像劳动、资本等要素一样，通过产出弹性对企业全要素生产率产生影响。

根据理论分析和数理推导可以得出本书的第一个理论假设：

H1：在其他条件不变时，政府补贴对战略性新兴产业全要素生产率具有显著的正向影响。

4.1.2 知识产权保护的调节作用分析

知识产权保护程度不同会影响到政府补贴效用的发挥，具体而言，当

知识产权保护力度较弱时，战略性新兴产业即使拿到政府补贴，仍担心"搭便车"的不当行为从而导致企业创新热情积极性不高、研发仍然投入，最终导致整个战略性新兴产业全要素生产率无法得到提升。在强有力的知识产权保护下，知识产权犯罪行为将会受到严惩，创新成果所有者的权益将会得到最大限度的保护，从而在确保创新成果所有者的自身利益不受侵害的同时，其创新积极性大大提升，进而改善全要素生产率。可见，日益完善的知识产权保护制度以及更加严格、公平公正的知识产权执法，是政府补贴的必要补充手段，可以为政府补贴政策效果的取得提供重要保障，从而使政府补贴的全要素生产率促进作用得到更有效的发挥。据此得出本书的第二个理论假设：

H2：在其他条件不变时，知识产权保护可以强化政府补贴对战略性新兴产业全要素生产率的正向作用，即在战略性新兴产业发展过程中，知识产权保护可以有效地正向调节政府补贴对全要素生产率之间的影响。

4.1.3 要素市场扭曲程度的调节作用分析

由于我国资源禀赋、地方政策等方面存在一定的空间差异，各地区的要素市场具有一定的扭曲现象，而这一不正常现象的存在极不利于政府补贴作用的发挥。具体来说，在完全竞争情境下，要素价格是要素稀缺程度和价值的准确反映。此时，要素之间可以进行自由替换。但是要素市场扭曲会导致要素价格机制无法正常发挥作用，价值和稀缺程度自然无法通过价格进行很好的体现。此时，一方面，政府补贴的积极信号传递作用无法得到充分发挥，甚至传递出虚假信号。外部投资者对政府补贴释放的信号的评估和考虑会更加谨慎，甚至引发更大的信息不对称，对于企业获取创新资源更为不利，因而会减弱政府补贴通过信号传递机制影响全要素生产率这一过程（杨洋等，2015）。另一方面，关键要素（如土地、资本等）定价和分配很大程度上取决于地方政府，从而有可能会导致企业通过"寻租"方式与地方政府建立联系，以此来获得稀缺生产要素，进而获得"寻租"收益。这样做的后果便是企业从政府补贴中获取创新资源的交易成本远高于从产品市场中获取创新资源的交易成本，企业很难将政府补贴全部用于研发投入，更无法从根本上缓解企业的融资约束问题，进而极大地减弱政府补贴通过缓解企业融资约束提升全要素生产率这一机制。据此得出本书的第三个理论假设：

H3：在其他条件不变时，要素市场扭曲程度在政府补贴影响战略性新兴产业全要素生产率之间具有负向调节作用。

4.1.4 风险投资的调节作用分析

在现实中，政府补贴作用的有效发挥在一定程度上受到风险投资的影响。对于战略性新兴产业来说，传统金融投资往往无法满足战略性新兴产业的发展需求。如果政府补贴额度对于企业来说只是杯水车薪，企业很可能无动于衷，全要素生产率自然很难得到改善。而风险投资通过股权投资等方式进入战略性新兴产业上市公司，有助于其生产率的改善。如谢姆努尔（Chemmanur，2008）发现风险投资的进入会有效提升美国制造业企业全要素生产率；周方召等（2013）发现风险投资通过提供资本支持，缓解企业融资约束，进而促进上市公司生产效率提升。

此时，风险投资会强化政府补贴的支持作用，具体表现在：一是风险投资凭借专业优势、市场资源等指导企业创新活动，而且会对企业的研发活动可以进行有效的监督与管理，规范政府补贴资金的使用，促进创新成果的转化，从而对企业的全要素生产率产生积极的影响。二是风险投资可以更有效地缓解企业融资约束，尤其是研发资金短缺问题，放大政府补贴的"融资规模"效应，进一步减弱企业资金压力，进而更好地实现企业全要素生产率的提升。据此得出本书的第四个理论假设：

H4：在其他条件不变时，风险投资在政府补贴影响战略性新兴产业全要素生产率之间具有正向调节作用。

4.2 政府补贴与战略性新兴产业经济绩效

4.2.1 作用机制分析

经济绩效是指产业或企业经营业绩的表现，通常采用净利润率、净资产收益率、托宾 Q 值等财务指标表示，而政府补贴可以有效改善这些财务指标。一是政府补贴作为企业利润表的一个重要组成部分，被列入于非经常性损益项目中，给企业带来直接的现金流入。企业可以利用该现金流改善盈利状况，直接提高企业的利润水平，对整个战略性新兴产业的经济绩效有明显的正向促进作用。二是战略性新兴产业通常需要更多的创新突破来支持其发展，政府补贴能够有效地提升产业的投入研发活动，促进创新水平，加强产业的核心竞争力，从而占领市场优势地位，间接提高其资产收益率，使产业拥有更好的经济绩效表现。弗莱和施莱弗（Frye & Shleifer，1996）发现，补贴提高了企业盈利能力上升的速度，充分发挥了正向外部效应；当外部宏观环境整体压力增大时，补贴是政府支持企业渡过难关的最有效手段。魏志华等（2015）研究发现，财政补贴对企业业绩有显著正向影响，尤其对具有融资约束和存在过度投资的企业而言，补贴的积极作用更为明显。杨得前和刘仁济（2017）指出，在特定危机时期，相比税式支出，补贴对企业业绩的促进作用更为显著。据此得出本书的第五个理论假设：

H5：假定其他条件不变情况下，政府补贴可以有效促进战略性新兴产业经济绩效提升。

4.2.2 内部控制质量的调节作用分析

政府寻求通过财政补贴的形式干预战略性新兴产业经济绩效，但政府补贴这一非经常性损益，并不是每一个企业都能获得的，有些企业为了获取政府补贴而选择采取一系列不恰当甚至违规的手段，这既影响了产业的经济效率也不利于企业的长远发展。此外，若长期对产业内企业进行大量补贴，企业可能会满足于目前的盈利状况，忽视技术研发，企业经济绩效很难得到提升。此时，内部控制质量则会有效抑制政府补贴可能存在的负面影响。具体来说，企业可通过实务控制、职责分离和授权等相关控制活动将获取的政府补贴进行合理的分配，以提高补贴资金的使用效率；企业的各个部门间通过及时处理和传递信息能够减少项目执行过程中的分歧和阻力，促进研发活动的顺利开展，以达到经济绩效上升的目标；完善的内部监控体系能够有效缓解和解决企业内外的信息不对称问题，提高管理效率和财务报告的质量。因此，有效的控制活动和及时的信息沟通可以通过调节政府补贴的利用过程对产业经济绩效产生正向影响。基于以上分析，本书认为政府补贴对战略性新兴产业经济绩效的影响会因为内部控制质量水平的差异而产生不尽相同的结果。据此得出本书的第六个理论假设：

H6：在其他条件不变时，高质量的内部控制会强化政府补贴对企业经济绩效的正向作用；反之，低质量的内部控制则会不利于政府补贴正向作用的发挥。

4.2.3　高管持股的调节作用分析

现代企业通常是两权分离的委托代理结构，但委托人与代理人在目标追求上并不完全一致。其中，股东更加关注投资回报率和企业价值，尤其是企业长期价值，而管理者则更倾向于个人利益与声誉的追求。政府对战略性新兴产业企业补贴的重点是研发环节，引导其加大研发投入，而研发投入会影响到企业短期利润和管理者业绩。当高管未持有企业股权或者拥有很少股权时，高管收益与公司价值并未产生直接联系，较易获得的政府补贴成为企业的一笔营业外收入。此时，出于追求安逸和懒惰心理，企业经理进一步节省经营成本和改善企业经营状况的动力不足，从而在一定程度上削弱了政府补贴对企业绩效的提升作用。当补贴强度很大时，企业经理甚至会导致企业热衷于进行"寻补贴"投资而不是努力加强对自身能力的建设，从而产生企业更多依赖补贴资金维持日常的经营和发展等问题，这对企业长期经济绩效无疑会产生巨大的负面影响（杨其静，2011）。此时，股权激励的利益趋同效应根本无法显现。如果高管持有企业股权，甚至拥有较多公司股权时，管理者与股东的利益更倾向于保持一致。一方面，高层管理者的工作积极性会大大提升；另一方面，管理层对于政府补贴资金的运用更加到位。因此，在获得政府补贴时，高管持股类型的股权激励政策会通过改善管理者对待创新的态度和提升其工作积极性的方式，进而改善企业绩效。

据此得出本书的第七个理论假设：

H7：在其他条件不变时，高管持股可以有效增强政府补贴对战略性新兴产业经济绩效的正向影响。

4.3 政府补贴与战略性新兴产业创新绩效

4.3.1 作用机制分析

4.3.1.1 理论分析

与传统产业相比，战略性新兴产业通常缺乏成熟的上下游链，并且进行创新活动更为频繁，创新活动的高成本性和高风险性更加突出。此时，任其自由发展，往往很难取得预期效果，对该类型企业进行政府补贴政策显得非常重要。例如，泰西（Tassey，2004）曾指出，针对具有技术和知识外溢性特征公共产品，设计更加合理的外部性公共政策才能更好地促进战略性新兴产业创新发展，而政府研发补贴无疑是最为有效的手段。同样，佩雷（Pere，2013）发现政府研发补贴可以对西班牙制造业公司的研发活动产生诱发作用。在我国，陆国庆（2014）通过对政府补贴上市公司的实际效果进行检验，结果表明政府补贴的正向作用非常显著。进一步，李新功（2018）对高技术产业创新活动阶段进行细分，发现政府研发补贴对"基础研究""应用研究"和"生产发展"三个阶段的研发投入都有积极影响。可见，一方面，政府补贴可以有效降低该研发成本，在一定程度上弥补战略性新兴企业私人收益小于社会收益的损失并增强企业创新的热情；另一方面政府补贴可以作为一种积极信号，有助于缓解该产业融资约束，增加研发资金投入。

但政府补贴创新效果最终体现在企业的创新产出。在现实中，企业是否生产新产品是企业衡量生产新产品付出的成本与收益之后做出的理性决策。因此，战略性新兴产业可能并未将拿到的政府补贴全部投入研发活动中去，或者将补贴款投入一些技术水平较低的一般产品开发中去（姜彩楼等，2020），甚至一部分企业为了获得高额的研发补贴而进行"寻租"（俞金红和于明超，2019），从而导致政府补贴的创新激励效应不明显，最终导致整个战略性新兴产业创新绩效无法得到有效提升。可见，对于战略性新兴产业来说，单纯依靠政府补贴，其创新绩效是否真正得到提升具有不确定性。

4.3.1.2 动态博弈分析

下面构建动态博弈模型，通过分析政府补贴对战略性新兴产业创新的影响机制，揭示政府补贴的创新激励效应。

假定系统中只存在政府和战略性新兴产业类企业，政企双方均服从"有限理性人"假设，博弈双方具有信息不对称特征，即双方并不清楚对方策略，但可以根据对方所采取的策略改变自己的策略，从而实现自身效益的最大化。假定成本、收益和效益等政企双方博弈中的指标均可以完全量化，且均大于零；生产新产品的收益大于正常产品。此时企业的策略选择为 W_1｛生产新产品，生产正常产品｝，企业生产新产品的概率为 y，生产正常产品的概率为 $1-y$；政府的策略选择为 W_2｛补贴，不补贴｝，政府选择补贴策略的概率为 x，不补贴策略的概率为 $1-x$。其中 x，$y \in (0，1)$，均为时间 t 的函数。设定相关参数如表 4-1 所示。

表4-1 模型参数及含义

参数	含义
P_1	企业进行技术创新，生产新产品
P_2	企业正常经营，生产正常产品
C_1	企业进行技术创新的研发成本
C_2	政府实施创新补贴所付出的成本（审批、推广、审核等）
C_3	企业生产正常产品带来的市场份额损失和机会成本
W	企业生产新产品获得的政府补贴
R_1	补贴政策下企业生产新产品给政府带来的收益

根据以上模型假设和参数设置，构建收益矩阵如表4-2所示。

表4-2 政府与企业演化博弈收益矩阵

企业	政府	
	政府补贴（x）	不补贴（$1-x$）
企业创新（y）	R_1-W-C_2；P_1+W+C_1	R_1；P_1-C_1
正常经营（$1-y$）	$-C_2$；P_2-C_3	0；P_2-C_3

企业生产新产品的期望收益见式（4-4）：
$$U_{y1}=x(P_1+W-C_1)+(1-X)(P_1-C_1)=xW+P_1-C_1 \quad (4-4)$$
企业生产一般产品的期望收益见式（4-5）：
$$U_{y2}=x(P_2-C_3)+(1-x)(P_2-C_3)=P_2-C_3 \quad (4-5)$$
企业的平均期望收益见式（4-6）：
$$\bar{U}=yU_{y1}+(1-y)U_{y2} \quad (4-6)$$
经过计算所得，企业的动态复制方程如式（4-7）所示：
$$F(y)=\frac{dy}{dt}=y(\bar{U}-U_{y1})=y(1-y)(U_{y1}-U_{y2})$$
$$\Rightarrow F(y)=y(1-y)(xW+P_1+C_3-C_1-P_2) \quad (4-7)$$

分析企业的复制动态方程，由 $F(y) = y(1-y)(xW + P_1 + C_3 - C_1 - P_2)$ 可得，

$F'(y) = (1-2y)(xW + P_1 + C_3 - C_1 - P_2)$，令 $F(y) = 0$，得到式（4-8）：

$$y = 0, \quad y = 1, \quad x' = \frac{C_1 + P_2 - C_3 - P_1}{W} \tag{4-8}$$

由演化博弈理论可知，演化稳定策略的要求是 $F'(y) = \partial F(y)/\partial x < 0$，需要对 $C_1 + P_2 - C_3 - P_1$ 分情况讨论：

（1）当 $C_1 + P_2 < C_3 + P_1$ 时，必有 $x < 0$，$F'(0) < 0$，这时 $x = 0$ 是演化稳定状态。结果表明，当企业进行技术创新，生产新产品获得的收益，加上企业正常经营造成的市场份额损失与机会成本，大于企业正常经营生产正常产品和企业技术创新的额外研发支出时，企业会选择进行技术创新，生产创新产品的策略，而不受政府选择是否补贴策略概率大小的影响。

（2）在点（1，1）时，$C_1 + P_2 < C_3 + P_1 + W$，$0 < \dfrac{C_1 + P_2 - C_3 - P_1}{W} < 1$ 时，但 $C_1 + P_2 > C_3 + P_1$。此时，政府补贴的出现尤为重要。由于企业技术创新的研发成本和企业生产正常产品的收益，大于企业生产创新产品和生产正常产品的市场损失和机会成本，企业主动进行技术创新和生产创新产品的动力不足。但当政府补贴存在时，企业获得政府补贴后，其研发创新的收益大于生产正常产品的收益，这时企业会根据政府的补贴概率来选择自身的策略。需要分别讨论以下几种情况：①当 $x = \dfrac{C_1 + P_2 - C_3 - P_1}{W}$ 时，$F'(y) = 0$ 对任意 y 恒成立，即不管 y 的初始状态是多少，系统总是处于稳定状态不再继续演化。也就是当企业获得的补贴可以足够弥补技术创新、生产新产品与正常经营时的差额时，无论政府的研发补贴概率 x 是多少，企业都会选择响应政府的研发补贴政策，选择研发投入。②当 $x > x'$ 时，$F'(1) < 0$，$F'(0) > 0$，此时 $y = 1$ 是演化博弈稳定策略。当政府的研发补贴的概率大于一定值 x 的时候，企业会逐渐从一般经营生产正常产品转变为技术研发生产创新产品。③当 $x < x'$ 时，$F'(1) > 0$，$F'(0) < 0$，此时 $y = 0$ 是演化博弈稳定策略。当政

府的研发补贴的概率小于一定值 x 的时候，企业会逐渐从技术研发生产创新产品转变为生产正常产品。

综上可知，企业的策略选择取决于 $C_1 + P_2 - C_3 - P_1$、$C_1 + P_2 - C_3 - P_1 - W$，也就是其自身创新成本收益（技术创新生产新产品收益、研发的额外成本、政府补贴）与正常产品成本收益（生产正常产品带来的市场和机会成本的损失）之间的差额。当 $C_1 + P_2 < C_3 + P_1$ 时，无论政府是否进行补贴，企业最终的演化稳定策略都是进行技术创新，生产新产品。当 $C_1 + P_2 > C_3 + P_1$，只有当政府的补贴概率大于一定值 x 时，即政府的激励概率到达一定强度时，企业才会主动地进行技术研发，生产新产品，否则企业会退化为正常经营，生产正常产品。

结合理论分析和动态博弈分析，政府补贴对战略性新兴产业创新绩效的影响在现实中是政企双方博弈的结果，具体效应如何尚需实证检验。基于以上分析，本书提出以下第八个理论假设：

H8：在其他条件不变时，政府补贴对战略性新兴产业创新绩效的影响具有不确定性。

4.3.2 制度环境的调节作用分析

战略性新兴产业开展创新活动是一个系统工程，从研发资金和人员投入到新产品的生产和销售，每一个环节都具有不确定性并且都至关重要。因此，政府研发补贴要想取得较好的效果必须关注资助资金的去向和它的研发诱导作用。在现实中，部分地区的战略性新兴产业可能并未将拿到的政府研发资助全部投入研发活动中去，或者将补贴款投入一些技术水平较低的产品开发中去，甚至一部分企业为了获得高额的研发补贴而进行寻租，从而导致产业创新水平未得到整体提升。良好的制度环境则在一定程度上抑制外部的不确定因素，有效推动战略性新兴产业技术创新（徐浩，2018）。制度环境通过"制度—行为—绩效"的路径，可以有效规范获得政府研发补贴企业的行为，进而提升战略性新兴产业创新绩效，主要体现在四个方面：

一是规范政府与市场关系，减少"寻补"行为，提升政府服务市场的效能。一方面，在晋升压力下，地方政府往往选择风险小，投资周期短，产出时效快的项目，从而导致粗放型生产项目的资金补贴增加，降低了创新部门的成长动力。行政环境的逐步完善则会有效减少企业"寻补"行为，此时能够获得补贴的大多是真正进行技术研发，真正进行产品创新的企业，整个战略性新兴产业的创新水平会因此得到不断提升（蔡栋梁、李欣玲和李天舒，2018）。可见，良好的行政环境可以有效改善政府研发资助的创新激励效果。二是保证国有经济与非国有经济等市场主体公平竞争，确保政府研发资助得到有效配置。良好的制度环境意味着各市场主体均具有平等的地位，政府没有制度性的特殊安排，给国有战略性新兴企业额外补助（张任之，2019）。此时，政府按照企业规模、研发投入强度等标准对各类经营主体公平补贴，各类所有制的企业均处于公平竞争的环境和条件之下。因此，在制度环境良好的地区，战略性新兴产业中无论是国有还是民营，只要符合条件便会享受到财政补贴，财政补贴的作用得到充分发挥。三是拓宽产业融资渠道，放大政府补贴的信号作用。企业创新以大量的研发资金投入为基础，政府补贴显然是有限的，更多的研发经费投入则需要企业通过内部或外部融资来实现。除了依靠传统的商业贷款外，战略性新兴企业创新需要风险投资等其他融资渠道。当外部制度环境越好，企业就可以调动更多的额外资源，从而减少融资约束。良好的制度环境通常意味着金融市场更完善，风险投资等与战略性新兴产业创新密切相关的机构更加繁荣，金融中介的作用更强（保永文和马颖，2018）。于是，政府补贴这一信号可以更好地被金融机构识别和捕捉，具有投资价值的技术创新项目或者创新企业剩余研发资金可以更快地得到满足，政府补贴的拉动效果更强。四是健全法律法规，保护知识产权，激发研发内在动力。部分战略性新兴企业创新的动力不足，甚至将拿到的研发补贴挪作他用，除了创新活动的高风险外，一个很重要原因就是创新成果可能被他人模仿，甚至知识产权侵权行为得不到有力处罚。法治环境的改善会显著减少这类现象（徐鹏远、张梅青和翟欣雨，2020）。在法治环境良好的地区，当企业想获得其他企业的新技术产业，必须向其支付授权费，而并非模仿或盗取专利技术，否则将会受到严重的处罚。因而，拿到政府研发资助的企业更愿意将补贴用于创新活动，并且相应地加大研发经费和研发人员的投入，进而提升整个战略性新兴产业创新绩效。可见，单纯依靠政府补贴很难取得预期效果，良好制度环境则是有效改善政府补贴结果的关键因素。据此得出本书的第九个理论假设：

H9：在其他条件不变时，制度环境在政府补贴影响战略性新兴产业创新绩效过程中具有正向调节作用，并且制度环境通过政府与市场关系、非国有经济发展程度、要素市场发展程度、法制环境四个维度发挥调节作用。

4.3.3 补贴力度的调节作用分析

前文提到，单纯依靠战略性新兴产业进行创新难度较大。适度的政府补贴则可以通过以下两个方面促进战略性新兴产业创新发展。第一，分担成本。政府补贴会降低战略性新兴企业研发成本，缓解企业创新资金短缺问题，从而使企业的创新效率提高，最终导致整个战略性新兴产业创新绩效显著提升。第二，研发激励。得到政府补贴意味该企业受到政府的扶持，从而向市场传递了一个积极信号。企业在市场上融资会变得更加顺畅，企业家的创新精神也在很大程度上得到激发，企业经费投入会显著增加。由此可见，适度的政府补贴可以使战略性新兴产业创新绩效显著提升。然而随着政府补贴额度的增加，尤其是补贴额度超过适度区间时，战略性新兴产业企业的创新绩效和创新行为就会发生变化，主要体现在：第一，高额的研发补贴意味着企业不需要实质性创新便可获得超额利润。对创新风险巨大的战略性新兴企业来说，为了实现利润最大化，企业家进行创新的动机自然大大减弱。第二，战略性新兴产业能否取得补贴，取得补贴的额度有多少，最终取决于地方政府。因此，在高额补贴情况下，企业会寻求与地方政府建立关系，从而导致非必要性支出增加，补贴越多，非必要性支出越多，政府补贴的挤出效应越大（毛其淋和许家云，2015）。据此得出本书的第十个理论假设：

H10：在其他条件不变时，补贴强度的增加会降低甚至抑制政府研发补贴对战略性新兴产业创新绩效的正向作用。

4.3.4 民营经济的调节作用分析

在我国，民营经济是国民经济的重要组成部分。民营企业与国有企业在公司治理、经营效率等方面的表现存在较大差异。在经营效率方面，国有企业功能目标不明确和分类改革监管不到位，导致经营机制不灵活、效率不高。尤其是一些国企公平公正公开的市场竞争意识不够强，企业规模大但竞争力不强，未能充分发挥在行业中的引领和集中度高的优势（刘现伟，2020）。在治理结构和激励约束机制方面，部分改制后的国有企业仍存在股权结构不合理、法人治理结构不完善、技术和管理等生产要素参与分配机制不健全等问题。此外，从国有企业外部来看，国企存在着政策性负担等问题，面临更高的退出壁垒，导致企业创新活力不足、综合竞争力不高（杨继生和阳建辉，2015）。这些问题的存在，导致相对同样的政府补贴，民营企业对补贴资金的重视程度和补贴资金的利用效果相对更好，企业创新绩效的提升更为明显。因此，对战略性新兴产业进行政府补贴时，区域内民营经济占比的高低，会导致政府补贴的创新激励效应出现差异。据此得出本书的第十一个理论假设：

H11：在其他条件不变时，随着民营经济比重的上升，政府补贴对战略性新兴产业创新绩效的促进作用会显著增加。

4.3.5 企业家背景的协同作用分析

战略性新兴产业是否创新，创新成效如何是一个比较复杂的过程，其间会受到宏观经济、文化以及企业自身微观条件的影响。其中，财税政策与企业家背景对创新绩效的影响较为突出。企业家的本质特征应当是创新，真正的企业家不是投机商，也不该是守财奴，而应该是一个大胆创新、敢于冒险和善于开拓的创造型人才（熊彼特，1990）。不同的企业家，由于在年龄、受教育程度、工作经验和创业经验等个体特征上存在差异，导致其对创新有着不同认识，创新的动力和效果存在差异。财税政策则是政府通过宏观调控来激励企业创新的重要手段，主要形式为政府补贴和税收优惠。越来越多的研究表明，创新是企业自身特征与政府补贴等外部情境因素综合作用的结果，即企业创新绩效的差异存在多重并发因素和因果复杂机制。因此，本书认为，在影响战略性新兴产业创新绩效时，政府补贴等财税政策与企业家背景之间存在协同作用机制。据此得出本书第十二个理论假设：

H12：在其他条件不变时，政府补贴与企业家背景特征协同会提升战略性新兴产业创新绩效提升。

4.3.6 分析师关注的调节作用分析

分析师作为金融市场中介的重要组成部分，凭借其专业化能力，对于企业经营活动具有重要的影响。通常来讲，分析师关注可以起到降低委托代理中的信息不对称的作用（徐欣和唐清泉，2010；余明桂等，2017；陈钦源等，2017）。在政府补贴影响战略性新兴产业创新绩效的过程中，分析师关注具有显著的调节作用。一方面，分析师关注具有荣誉机制的调节作用。在分析师关注度较高的公司中，分析师关注可以放大政府补贴的激励作用，获得政府补贴的企业，其各项绩效指标都备受关注，管理层基于荣誉机制的约束作用，会全力推进企业创新活动，更好发挥政府补贴的最大效能，提升企业外部市场创新竞争力（蒋安璇等，2019）。另一方面，分析师关注具有压迫机制的调节作用。受到分析师关注度更高的企业，其信息不对称程度更低，企业有关政府补贴、创新活动、企业价值的信息得到更多的披露，在一定程度上降低了企业委托代理成本，同时也为企业吸引了更多风险投资，刺激企业增加研发投入，进而提升其创新绩效。据此得出本书的第十三个理论假设：

H13：在其他条件不变时，分析师关注有助于政府补贴对战略性新兴产业创新绩效正向影响的充分发挥。

4.4 政府补贴与战略性新兴产业环境绩效

4.4.1 作用机制分析

环境绩效是指企业在环境治理方面的投入程度以及产出效果。在环境治理过程中，企业的成本会上升，对于企业参与市场竞争会产生一定的不利影响。因此即使是在新能源汽车等战略性新兴行业都存在环境治理能力不足、环境治理责任不强、环境治理效果不佳等现象。此时，政府给予企业特定的补贴则会改善其环境绩效。具体来说：一是企业获得政府补贴，其融资约束程度得到缓解，企业绿色投资的边际成本会相对下降，从而有助于企业提升绿色技术研发和创新能力，降低环境污染、减少资源消耗，改善生态环境。此时，为了规避经营风险或实现价值转型，在具有额外资金支持和更强经济能力时，其绿色治理动机也会有所增强。二是政府补贴具有"资源再分配效应"。政府给予补贴资金后，在政企之间会具有更强势的谈判地位，也会对企业形成以资源为前提的合法性压力，从而能够有效传达与环保相关的政策偏好和社会目标，强化企业的绿色合法管理意识，增强企业私有收益与公共目标的一致性，发挥"合法性激励效应"。那么企业为了规避经营风险或寻求更多政府资源，会更加积极地迎合政府，在追逐利润最大化的同时帮助承担更多的社会政治目标，增强环境治理投入，最终实现企业环境责任意识和环保投入的提升。据此得出本书的第十四个理论假设：

H14：在其他条件不变时，对于战略性新兴产业来说，政府补贴具有环境治理效应。

4.4.2　环境规制的调节作用分析

由于企业改善环境绩效需要兼顾成本和环境"双重目标"，除政府补贴以外，环境规制，体现了政府对于企业环境行为监督管理的强度，已成为改善企业环境绩效的重要举措（张三峰和卜茂亮，2011）。由于改善环境绩效在短期内消耗企业大量资金，增加产品成本，如果没有严格的环境监管制度，企业通常不会主动地进行污染治理。当环境规制程度较低时，即使存在政府补贴也不足以抵消环保投资和环保技术创新投入，此时企业改善环境绩效的动机不强，动力不足，企业环境治理绩效很难得到提升；当环境规制程度较高时，与破坏环境管制成本相比，企业进行环保投资的成本较低，此时政府的环境补贴会诱导企业加大环保投资，以最大限度降低企业生产活动对环境的负面影响，从而达到环境管制的要求。此时，政府补贴对企业环境绩效的促进作用可以得到更有效发挥。据此得出本书的第十五个理论假设：

H15：在其他条件不变时，对于战略性新兴产业来说，环境规制会有效改善政府补贴的环境绩效。

4.5　政府补贴与战略性新兴产业出口绩效

4.5.1　作用机制分析

新发展阶段下中国经济面临转型，政府补贴通过资源再分配，弥补市场失灵、提升战略性新兴产业出口绩效。具体来说，第一，政府补贴具有"交易成本"效应。一是各种出口环节均需要企业付出高额的固定成本，形成沉没成本。进入新的出口市场，意味着信息不对称问题更加突出，企业会面临的交易风险更大。二是在经济全球化的今天，出口产品生产不可避免地用到价格昂贵的进口中间品。政府补贴则会在一定程度上降低这一部分成本，使企业出口成为可能，有助于战略性新兴企业出口数量和规模的增加。三是政府补贴具有"技术进步"效应。企业进行研发活动的目标在于实现技术进步，从而提升企业创新动力。政府补贴则会使企业重视研发活动，加大研发投入，进而快速实现技术创新，从而使更高质量的新型产品进入国际市场。四是政府补贴具有"产品质量"效应。从市场需求来看，企业产品质量越高，出口市场需求量越大。例如，哈勒克特（Hallaket，2009）发现高质量的产品在国际市场上占据更高的市场占有率。对于获得政府补贴的企业来说，企业更有可能生产出高品质的产品，产品在国际市场上的竞争力会得到持续提升，产品的国际市场占有率自然会不断提升。据此得出本书的第十六个理论假设：

H16：在其他条件不变时，政府补贴对战略性新兴产业出口绩效具有显著的促进作用。

4.5.2 企业家留学经历的调节作用分析

在微观层面，企业家背景特征会影响到企业出口行为和出口绩效。其中，具有海外留学的企业家，凭借自身所掌握的先进理念和经营模式，不仅会显著影响到企业的出口行为而且会强化政府补贴对企业出口绩效的影响。一是当企业获得政府补贴时，尤其是获得研发补贴时，如果企业家具有海外留学背景，企业的交易成本下降更加明显。具有海外留学背景的企业家对国际市场知识的掌握更加准确，对出口贸易中交易信息的获取更加容易。因此，在企业家留学经历和政府补贴的双重影响下，交易成本降低更加明显，企业出口绩效上升更加明显。二是企业家留学背景会强化政府补贴的"技术进步效应"和"产品质量"效应。丰富的海外留学背景使企业家的专业素质和技术水平通常高于国内相同领域的同层次人员，他们对于更加重视技术创新，并且对于新技术发展趋势的判断能力更准确。因此，在获得政府补贴时，他们更为积极地进行新产品和新技术的研发，产品的技术复杂度和质量更高，在国际市场中的竞争力更强。据此得出本书的第十七个理论假设：

H17：在其他条件不变时，如果企业家具有留学经历，政府补贴对战略性新兴产业出口绩效的促进作用更强。

4.6 本 章 小 结

本章综合运用内生增长理论、制度经济学理论等知识，构建了政府补贴影响战略性新兴产业绩效的理论框架，提出了相应的理论假设。一是探讨了政府补贴对战略性新兴产业全要素生产率的影响，包括作用机制、知识产权保护程度、要素市场发育程度和风险投资的调节作用分析；二是分析了政府补贴对战略性新兴产业经济绩效的影响，包括作用机制、内部控制质量、高管持股的调节作用分析；三是讨论了政府补贴对战略性新兴产业创新绩效的作用机理以及制度环境、补贴力度、民营经济发展程度、分析师关注的调节作用和企业家背景的协同作用；四是分析了政府补贴、环境规制与战略性新兴产业环境绩效之间的内在联系；五是讨论了政府补贴对战略性新兴产业出口绩效的影响机制及环境规制的调节作用机制。

第 5 章

数值模拟与实证检验

5.1 政府补贴对战略性新兴产业全要素生产率的影响

5.1.1 总体检验

为了更为精准地检验政府补贴对全要素生产率的影响，本节将分别基于宏观层面的产业数据和微观层面的企业数据对理论假设 H1 进行数值模拟和实证检验，从而实现理论和实证的相统一。

5.1.1.1 基于微观层面的总体检验

（1）数据来源。基于数据的可得性和时效性，本部分所采用数据基于中国 A 股上市公司数据库处理后所得。首先，将 ST、*ST 异常公司，财务数据残缺比较严重的公司剔除；其次，利用新兴综指筛选出战略性新兴企业公司。样本选取的具体过程在样本区间为 2010～2019 年。

（2）模型设定与变量说明。采用固定效应对理论假设 H1 进行实证检验，具体模型如下：

$$TFP_{it} = \beta_0 + \beta_1 sub_{it} + Control_{it} + \varepsilon_{it} \tag{5-1}$$

其中，TFP 表示企业全要素生产率，采用前文提到的 OP 方法计算所得，方法介绍见第 3.2.1 节；sub 表示政府补贴，采用政府补贴加 1 后的对数值衡量；$Control$ 表示控制变量。根据已有研究成果（李政等，2019；白洁，2020），选取企业规模、企业年龄、资产负债率、研发强度、人力资本、产权性质和出口行为等 7 个控制变量。

各变量的符号、计算的具体过程如表 5 - 1 所示。

表 5 - 1   变量说明

变量类别	变量符号	变量名称与变量计算
被解释变量	TFP	全要素生产率：OP 方法计算所得
解释变量	Sub	政府补贴：ln(1 + 政府补贴额度)
控制变量（$Control$）	$size$	企业规模：取总资产的自然对数
	age	企业年龄：当期时间减去注册日期
	lev	资产负债率：企业负债总额占企业资产总额的百分比
	ri	研发强度：研发费用占企业营业总收入比重
	ci	人力资本：企业中所拥有的大专及以上文凭的劳动力人数占比
	$state$	产权性质：国有企业为 1，民营企业为 0
	ex	出口行为：参与出口为 1，未参与出口为 0

（3）描述性统计结果。表 5 - 2 展示了主要变量的描述性统计分析结果。从中可以看出，TFP 均值为 3.462，最小值、最大值与标准差分别为 1.0037、7.0976 和 0.6396，说明不同企业的全要素生产率之间存在一定的差距；sub 均值为 16.1979，最小值为 0，最大值则达到 21.5117，说明不同企业的政府补贴之间的差异也比较显著。7 个控制变量的数据分布也显示出相类似的特征。整体而言，所采用的数据具有比较良好分布性质。

表 5 − 2 描述性统计结果

变量	均值	标准差	最小值	最大值	样本数
TFP	3.4620	0.6396	1.0037	7.0976	6427
sub	16.1979	2.4249	0.0000	21.5117	6427
size	22.1505	1.2202	18.8262	27.1530	6427
age	15.7196	5.6420	2.0000	39.0000	6427
lev	0.3993	0.2010	0.0109	1.7500	6427
ri	0.0600	0.0694	0.0000	1.6875	6427
ci	0.3205	0.2288	0.0000	1.0000	6427
state	0.3492	0.4767	0.0000	1.0000	6427
ex	0.6876	0.4635	0.0000	1.0000	6427

（4）回归结果。为保持回归结果稳健，首先只考虑政府补贴影响，回归结果如表 5 − 3 前两列所示。其中，第（1）列只控制了个体和时间，第（2）列对个体、时间和行业均进行了控制；之后，加入 7 个控制变量，基于模型（5 − 1）进行回归分析，回归结果如表 5 − 3 后两列所示。同样，第（3）列只控制了个体和时间，第（4）列对个体、时间和行业均进行了控制。

表 5 − 3 初步回归结果

项目	（1）	（2）	（3）	（4）
sub	0.0375 *** (11.32)	0.0369 *** (11.14)	0.029 *** (10.98)	0.0263 *** (8.89)
size	—	—	0.2134 *** (31.00)	0.2136 *** (31.04)
age	—	—	− 0.0015 (− 1.15)	− 0.0016 (− 1.26)
lev	—	—	0.3375 *** (8.67)	0.3421 *** (8.78)

续表

项目	（1）	（2）	（3）	（4）
ri	—	—	3.3137 *** （31.97）	3.314 *** （31.99）
ci	—	—	0.1862 *** （6.01）	0.1755 *** （5.63）
$state$	—	—	−0.0525 *** （−3.62）	−0.0438 *** （−2.96）
ex	—	—	0.0155 （1.09）	0.0137 （0.96）
常数项	44.0063 *** （7.38）	43.0203 *** （7.2）	59.7899 *** （10.87）	59.744 *** （10.87）
个体	控制	控制	控制	控制
时间	控制	控制	控制	控制
行业	未控制	控制	未控制	控制
F 值	53.67 ***	42.28 ***	404.48 ***	369.03 ***
R^2	0.0245	0.0257	0.3867	0.3876
样本数	6427	6427	6427	6427

注：括号内为 T 值；***、**、*分别表示该系数通过1%、5%、10%水平的显著性检验。

具体来说，表5 – 3 第（1）列中，政府补贴（sub）的影响系数为0.0375，且通过了1%水平的显著性检验。以第（1）列为基础，第（2）列进一步控制行业后，政府补贴（sub）的影响系数变为0.0369，仍通过了1%水平的显著性检验。当加入控制变量且仅控制个体和时间，第（3）列中政府补贴（sub）的影响系数变为0.029，仍然通过了1%水平的显著性检验。进一步控制行业时，第（4）列中政府补贴（sub）的影响系数减小变为0.0263，仍然通过了1%水平的显著性检验。可见，对于战略性新兴产业，政府补贴确实可以有效提升其全要素生产率，即理论假设 H1 得到初步验证。

（5）稳健性检验。为了保证实证结果准确性，接下来以下四种方式进行稳健性检验。

一是替换被解释变量。采用 LP 法测算的全要素生产率（TFP）作为被解释变量重新进行回归，结果如表 5 - 4 第（1）列所示。从中可以看出，政府补贴对战略性新兴产业全要素生产率的影响系数为 0.0205，且通过了 1% 水平的显著性检验。

表 5 - 4　　　　　　　　　　稳健性检验结果

项目	（1）替换被解释变量	（2）替换解释变量	（3）GMM 回归	（4）滞后效应
sub	0.0205 *** (6.84)	0.041 *** (8.12)	0.0733 *** (28.27)	0.0059 ** (1.97)
$size$	0.5517 *** (76.8)	0.2116 *** (32.4)	0.1762 *** (10.92)	0.2169 *** (29.79)
age	-0.0003 (-0.2)	-0.0016 (-1.24)	0.0301 (0.92)	-0.0017 (-1.24)
lev	0.4799 *** (11.8)	0.3433 *** (8.82)	0.0116 (0.22)	0.3127 *** (7.51)
ri	2.4612 *** (22.76)	3.3233 *** (31.82)	1.9792 *** (16.22)	3.5242 *** (30.58)
ci	0.3985 *** (12.25)	0.1769 *** (5.68)	0.0592 (1.59)	0.2069 *** (6.21)
$state$	-0.0143 (-0.93)	-0.0437 *** (-2.96)	-1.0834 ** (-4.41)	-0.0425 *** (-2.71)
ex	0.1628 *** (10.94)	0.0117 (0.83)	-0.0271 (-1.13)	0.0197 (1.29)
常数项	29.61932 *** (5.16)	60.2035 *** (10.99)	99.5462 (1.53)	49.5346 *** (7.86)
L1. TFP			0.7331 *** (28.27)	

续表

项目	（1）替换被解释变量	（2）替换解释变量	（3）GMM 回归	（4）滞后效应
个体	控制	控制	控制	控制
时间	控制	控制	控制	控制
行业	控制	控制	控制	控制
F 值	1323.31 ***	368.91 ***	—	326.11 ***
R^2	0.6941	0.3875	—	0.3893
Wald chi2	—	—	2537.3 ***	—
Sargantest	—	—	0.2153	—
AR（1）	—	—	0.0000 ***	—
AR（2）	—	—	0.2190	—
样本数	6427	6427	5640	5640

注：括号内为 T 值；*** 、** 、* 分别表示该系数通过 1%、5%、10% 水平的显著性检验；AR（1）和 AR（2）分别为 1 阶和 2 阶自相关检验的概率值；Sargantest 为过度识别检验的概率值。

二是替换解释变量。由于不同企业规模存在，单纯使用政府补贴额度可能无法准确衡量政府补贴的影响。因此，采用政府补贴强度（政府补贴/企业营业收入）作为政府补贴的代理变量重新回归，结果如表 5 - 4 第（2）列所示。从中可以看出，政府补贴对战略性新兴产业全要素生产率的影响系数为 0.041，且通过了 1% 水平的显著性检验。

三是采用 GMM 方法重新回归。为解决内生性问题导致的伪回归问题，采用两步法 GMM 进行重新回归。结果如表 5 - 4 第（3）列所示。从中可以看出，政府补贴对战略性新兴产业全要素生产率的影响系数为 0.0733，且通过了 1% 水平的显著性检验。

四是考虑滞后效应。考虑到政府补贴的影响可能存在滞后效应，将滞后 1 期的政府补贴作为解释变量重新回归，结果如表 5 - 4 第（4）列所示。从中可以看出，政府补贴对战略性新兴产业全要素生产率的影响系数为 0.0059，且通过了 5% 水平的显著性检验。

综合表 5 – 4 中四种稳健性检验结果，政府补贴（*sub*）的影响系数均通过了显著性检验，这表明政府补贴对全要素生产率的促进作用是显著的，即回归结果是稳健的。

5.1.1.2 基于宏观层面的总体检验

（1）变量构建与数据来源。

被解释变量为全要素生产率（TFP），采用前文第 3.2.1 节提到的 DEA-Malmquist 指数法计算所得，在此不再详细介绍。

解释变量为政府补贴。采用科技活动经费筹集额中政府资金的对数值表示。

控制变量包括产业规模、技术引进、出口规模、资本投入、产权性质式等 5 个影响全要素生产率的重要变量。产业规模采用战略性新兴产业从业人数来表示。随着产业规模的扩大，资金、人才等创新资源会实现快速集聚，不仅降低了研发成本，而且积累了丰富的研发经验（俞立平等，2018）。因此，产业规模的符号预期为正。技术引进采用战略性新兴产业技术引进费用支出来表示。一方面，国外技术引进不仅降低了创新成本，而且通过示范效应、关联效应和溢出效应会显著提升战略性新兴产业创新绩效（刘焕鹏、严太华，2014）；另一方面，如果技术引进仅出于技术存量需求动机，而非模仿创新，则技术引进对战略性新兴产业创新绩效的正向作用较弱，甚至为负（袁胜军等，2018）。因此，该变量对创新绩效的影响并不确定。出口规模采用战略性新兴产业出口交货额来表示。伴随出口规模的扩大，战略性新兴产业通过边出口，边学习，自主创新能力会显著提升（李兵等，2016）。因此，出口规模的预期符号为正。资本投入采用战略性新兴产业资本密集度（资本存量除以从业人数）来表示。与其他产业相比，战略性新兴产业创新需要的资金更多，成本更高，而资本投入的增加会有效缓解融资约束，使研发资金和研发人员增加成为可能（殷醒民，2016）。因此，该变量的预期符号为正。为了降低多重共线性对回归结果的不良影响，政府补贴、企业人数、技术引进经费支出、出口交货额、资本投入等 5 个变量分别取自然对数。主要变量的符号以及具体定义如表 5 – 5 所示。

表 5 – 5 变量定义

变量类型	变量名称	符号表示	变量定义
被解释变量	全要素生产率	*TFP*	采用 DEA-Malmquist 指数法计算所得
解释变量	政府补贴	*sub*	科技活动经费筹集额中政府资金的对数值
控制变量	产业规模	*cygm*	地区企业年末平均从业人数的对数值
	技术引进	*jsyj*	地区技术引进费用支出额的对数值
	出口规模	*ckjh*	地区出口交货额的对数值
	资本投入	*zbmj*	地区资本存量除以从业人员总数

本章旨在宏观层面考查政府补贴的影响。因此，采用 2001～2015 年中国省级战略性新兴产业面板数据作为样本。由于政府未在省级层面对战略性新兴产业进行专门统计，本书根据《战略性新兴产业分类（2012）》对《中国高技术产生统计年鉴》中的产业进行匹配筛选，并且剔除数据缺失比较严重的内蒙古、海南、青海、西藏、新疆。文中数据主要来自《中国高技术产生统计年鉴》《中国市场化指数报告（2017）》以及各省、自治区、直辖市统计年鉴。

（2）模型设定。

$$TFP_{it} = \beta_0 + \beta_1 sub_{it} + \beta_2 cygm_{it} + \beta_3 jsyj_{it} + \beta_4 ckjh_{it} + \beta_5 zbmj_{it} + \mu_i + \varepsilon_{it}$$

$$(5 - 2)$$

其中，*TFP* 表示全要素生产率，*sub* 表示政府补贴，*cygm* 表示产业规模，*jsyj* 表示技术引进，*ckjh* 表示出口交货额，*zbmj* 表示资本密集度，μ_i 表示各省份截面个体效应不随时间而变化，e_{it} 为随机扰动项。

（3）回归结果。基于模型（5 – 2）进行初步回归，结果如表 5 – 6 所示。其中，第（1）列仅控制了时间，第（2）列仅控制了个体，第（3）列对个体和时间均进行了控制。下面以第（3）列为例进行具体说明。第（3）列中，*sub* 的系数为 0.0014，且通过了 1% 水平的显著性检验。控制变量中，*cygm*、*ckjh*、*zbmj* 的系数均为正值，且至少通过了 10% 水平的显著性检验，

jsyj 的系数则不显著。F 值为 15. 15，且通过了 1% 水平的显著性检验，表明进入模型的变量组合对全要素生产率（TFP）的影响是显著的。整体而言，政府补贴对全要素生产率具有显著的正向影响。

表 5 - 6 初步回归结果

项目	（1）	（2）	（3）
sub	0. 0011 *** （5. 03）	0. 0022 *** （3. 86）	0. 0014 *** （4. 54）
cygm	0. 0416 *** （6. 57）	0. 078 *** （3. 93）	0. 0172 *** （5. 25）
jsyj	－ 0. 0052 （－ 0. 3）	0. 0028 （0. 17）	－ 0. 0044 （－ 0. 25）
ckjh	0. 0333 （0. 55）	0. 0207 *** （3. 75）	0. 0098 *** （4. 34）
zbmj	0. 0142 *** （9. 25）	0. 035 *** （2. 94）	0. 034 *** （8. 52）
常数项	1. 271 ** （2. 19）	0. 7396 *** （3. 56）	1. 1589 ** （2. 08）
个体	未控制	控制	控制
时间	控制	未控制	控制
F 值	14. 56 ***	16. 756 ***	15. 15 ***
R^2	0. 1252	0. 2134	0. 2014
样本数	390	390	390

注：括号内为 T 值；*** 、** 、* 分别表示该系数通过 1% 、5% 、10% 水平的显著性检验。

（4）稳健性检验。为了保证实证结果准确性，接下来采用三种方式进行稳健性检验。

一是替换解释变量。采用科技活动经费筹集额中政府资金的占比作为政府补贴的代理变量重新回归，结果如表 5 - 7 第（1）列所示。从中可以看出，政府补贴对战略性新兴产业全要素生产率的影响系数为 0. 0466，且通过了1%水平的显著性检验。

表 5 - 7　　　　　　　　　　　　稳健性检验

项目	(1) 替换解释变量	(2) GMM 回归	(3) 滞后效应
sub	0. 0466 *** (4. 17)	0. 0034 *** (11. 09)	0. 0252 *** (11. 11)
cygm	0. 0054 *** (6. 08)	0. 2004 *** (4. 49)	0. 0313 *** (9. 48)
jsyj	− 0. 0056 (−0. 32)	− 0. 0282 *** (−3. 24)	− 0. 0076 (−0. 56)
ckjh	0. 0083 *** (10. 28)	0. 0282 *** (4. 94)	0. 0306 *** (5. 44)
zbmj	0. 0283 *** (11. 12)	0. 0769 (0. 59)	0. 0089 *** (7. 45)
常数项	1. 1989 ** (2. 17)	1. 5739 *** (7. 04)	1. 1029 ** (2. 07)
L1. TFP	—	0. 2733 *** (6. 51)	—
个体	控制	控制	控制
时间	控制	控制	控制
F 值	12. 99 ***	11. 36 ***	18. 53 ***
R^2	0. 8006	0. 8054	0. 296
Wald chi2	—	46. 37 ***	—
Sargantest	—	1. 0000	—
AR (1)	—	0. 0027 ***	—
AR (2)	—	0. 6074	—
样本数	390	352	352

注：括号内为 T 值；***、**、* 分别表示该系数通过1%、5%、10%水平的显著性检验；AR (1)、AR (2)、Sargantest 的含义与前文相同，不再介绍。

二是采用两步法 GMM 方法重新进行回归分析，结果如表 5 - 7 第（2）

列所示。从中可以看出，政府补贴对战略性新兴产业全要素生产率的影响系
数为 0.0034，且通过了 1% 水平的显著性检验。

三是考虑滞后效应。将滞后 1 期的政府补贴作为解释变量重新回归，结
果如表 5-7 第（3）列所示。从中可以看出，政府补贴对战略性新兴产业全
要素生产率的影响系数为 0.0252，且通过了 1% 水平的显著性检验。

从表 5-7 可以看出，四种稳健性检验中，政府补贴（sub）的系数仍然
为正值，并且通过了 1% 水平的显著性检验，这说明回归结果是稳健的。

基于宏观和微观两个层面数据的实证检验结果可知，政府补贴对战略性
新兴产业全要素生产率具有显著的正向影响，即理论假设 H1 是成立的。

5.1.2 知识产权保护与要素市场扭曲的调节作用检验

5.1.2.1 建模型设定与变量说明

在模型（5-2）基础上，分别加入知识产权保护与要素市场扭曲，及其
与政府补贴的交互项对这两者的调节作用进行实证检验，具体模型如下：

$$TFP_{it} = \beta_0 + \beta_1 sub_{it} + \alpha_1 tj_{it} + \gamma_1 sub_{it} \times tj_{it} + \beta_2 cygm_{it} + \beta_3 jsyj_{it}$$
$$+ \beta_4 ckjh_{it} + \beta_5 zbmj_{it} + \mu_i + \varepsilon_{it} \qquad (5-3)$$

其中，tj 表示调节变量，分别用知识产权保护（ipr）和要素市场扭曲（fmd）
表示，其他变量含义与模型（5-2）中的一致。γ_1 是交互项系数，如果该系
数与 β_1 符号相同，则表示该变量具有正向调节作用，若符号不一致则为负向
调节作用。知识产权保护和要素市场扭曲均基于王小鲁等（2017）编制的中
国各省份市场化指数所得。其中，知识产权保护（ipr）采用市场中介组织的
发育和法律指数衡量；要素市场扭曲计算公式为 $fmd = (mk_{cp} - mk_{ys})/mk_{cp}$，
其中，mk_{cp} 表示产品市场的市场化指数，mk_{ys} 表示产品市场的市场化指数。

5.1.2.2 数据来源

本部分采用 2001~2015 年中国省级战略性新兴产业面板数据作为样本。

数据来源及其筛选过程在第 3.2.1 节已有详细描述，在此不再详细介绍。

5.1.2.3　回归结果

表 5-8 分别报告了知识产权保护与要素市场扭曲的调节作用检验结果。其中，第（1）列和第（3）列为不考虑控制变量的回归结果，第（2）列和第（4）列加入控制变量后的回归结果。接下来以第（2）列和第（4）列为例进行详细说明。

表 5-8　　　　　　　　　　　调节作用检验结果

项目	知识产权的调节作用		要素市场扭曲的调节作用	
	（1）	（2）	（3）	（4）
sub	0.0079 *** (4.71)	0.0012 *** (7.28)	0.0043 ** (1.99)	0.0016 *** (7.5)
ipr	0.0226 *** (3.84)	0.0219 *** (7.27)	—	—
sub × ipr	0.0122 *** (4.3)	0.0052 *** (10.09)	—	—
fmd	—	—	-0.192 *** (-11.43)	-0.1084 *** (-11.07)
sub × fmd	—	—	-0.0332 *** (-5.56)	-0.0727 *** (11.1)
cygm	—	0.0096 *** (7.13)	—	0.01798 *** (10.26)
jsyj	—	-0.0059 (-0.32)	—	-0.0046 (-0.26)
ckjh	—	0.0109 *** (4.38)	—	0.0094 *** (7.29)
zbmj	—	0.0353 *** (9.57)	—	0.0313 *** (3.52)
常数项	—	1.2157 ** (2.04)	—	1.163 ** (2.08)

续表

项目	知识产权的调节作用		要素市场扭曲的调节作用	
	（1）	（2）	（3）	（4）
个体	控制	控制	控制	控制
时间	控制	控制	控制	控制
F 值	10. 68 ***	15. 439 ***	12. 75 ***	18. 9 ***
R^2	0.451	0.5339	0.346	0.5371
样本数	390	390	390	390

注：括号内为 T 值；*** 、** 、* 分别表示该系数通过 1%、5%、10%水平的显著性检验。

从第（2）列可以看出，政府补贴的影响系数为 0.0012，政府补贴与知识产权保护交互项的影响系数为 0.0052，且这两者的系数均通过了 1%水平的显著性检验。由于两者系数均为正值，这表明知识产权保护在政府补贴影响全要素生产率过程中具有显著的正向调节作用。

从第（4）列可以看出，政府补贴的影响系数为 0.0016，政府补贴与知识产权保护交互项的影响系数为 –0.0727，且这两者的系数均通过了 1%水平的显著性检验。由于两者系数正好相反，这表明要素市场扭曲在政府补贴影响全要素生产率过程中具有显著的负向调节作用。

基于以上检验，在政府补贴影响战略性新兴产业全要素生产率过程中，知识产权保护的正向调节作用与要素市场扭曲的负向调节作用是成立的，即理论假设 H2 和假设 H3 得证。

5.1.3 风险投资的调节作用检验

5.1.3.1 建模型设定与变量说明

在模型（5 –1）基础上，加入风险投资及其与政府补贴的交互项，对其调节作用进行实证检验，具体模型如下：

$$TFP_{it} = \beta_0 + \beta_1 sub_{it} + \alpha_1 vc_{it} + \gamma_1 sub_{it} \times vc_{it} + Control_{it} + \varepsilon_{it} \quad (5-4)$$

其中，vc 表示风险投资，其他变量含义与模型（5-2）一致。γ_1 是交互项系数，如果该系数与 β_1 符号相同，则表示该变量具有正向调节作用，若符号不一致则为负向调节作用。风险投资采用企业获得的风险投资持股比例表示。

5.1.3.2　数据来源

本部分所采用数据基于中国 A 股上市公司数据库经过筛选匹配后所得。数据来源及其筛选过程在第 3 章已有详细描述，在此不再详细介绍。

5.1.3.3　回归结果

表 5-9 报告了回归结果。第（1）列～第（3）列依次为加风险投资、政府补贴与风险投资的交互项、控制变量的回归结果。第（2）列和第（3）列中的交互项系数均显著（1% 水平的显著性检验）为正值并且与政府补贴的系数符号一致，这表明风险投资在政府补贴影响战略性新兴产业上市公司全要素生产率过程中具有显著的正向调节作用，即理论假设 H4 得证。

表 5-9　　　　　　　　　　风险投资的调节作用检验结果

项目	（1）	（2）	（3）
sub	0. 0366 *** (11. 05)	0. 0312 *** (8. 21)	0. 0084 *** (2. 6)
vc	0. 2059 *** (3. 66)	1. 2089 *** (3. 43)	1. 2593 *** (4. 5)
sub × vc	—	0. 0624 *** (2. 88)	0. 0622 *** (3. 62)
size	—	—	0. 2156 *** (31. 41)
age	—	—	− 0. 0011 (− 0. 87)
lev	—	—	0. 321 *** (8. 24)

续表

项目	（1）	（2）	（3）
ri	—	—	3. 3262 *** (32. 19)
ci	—	—	0. 1592 *** (5. 11)
$state$	—	—	− 0. 0453 *** (−3. 07)
ex	—	—	0. 0084 (0. 59)
常数项	—	42. 6082 *** (7. 14)	59. 5827 *** (10. 87)
个体	控制	控制	控制
时间	控制	控制	控制
行业	控制	控制	控制
F 值	36. 57	31. 9 ***	317. 99
R^2	0. 0269	0. 028	0. 3907
样本数	6427	6427	6427

注：括号内为 T 值；***、**、* 分别表示该系数通过 1%、5%、10% 水平的显著性检验。

5.2 政府补贴对战略性新兴产业经济绩效的影响

5.2.1 模型设定与变量说明

采用模型（5−5）对理论假设 H5 进行实证检验，模型具体设定如下：

$$ECP_{it} = \beta_0 + \beta_1 sub_{it} + Control_{it} + \varepsilon_{it} \qquad (5−5)$$

采用模型（5−6）对理论假设 H6 和假设 H7 进行实证检验，具体模型设定如下：

$$ECP_{it} = \beta_0 + \beta_1 sub_{it} + \alpha_1 tj_{ij} + \gamma_1 sub_{it} \times tj_{it} + Control_{it} + \varepsilon_{it} \qquad (5-6)$$

其中，ECP 表示经济绩效，采用净资产收益率表示。政府补贴与控制变量的衡量指标与模型（5-1）一致。tj 表示调节变量，分别采用内部控制质量（icq）和高管持股（gs）表示。其中，内部控制质量借鉴李志斌（2017）、朱彩婕（2021）等做法，以迪博·中国上市公司公布的内部控制指数作为代理变量。高管持股采用高管持股比例来表示。对于交互项系数 γ_1 来说，如果该系数与 β_1 符号相同，则表示调节变量具有正向调节作用，若符号不一致则为负向调节作用。

5.2.2 数据来源

基于企业数据的可得性和时效性。本部分所采用数据基于中国 A 股上市公司数据库处理后所得。具体来说，首先，将 ST、*ST 等异常公司以及财务数据缺失严重的公司剔除；其次，利用新兴综指筛选出战略性新兴企业公司。样本选取的具体过程在样本区间为 2010～2019 年。

5.2.3 总体检验结果

表 5-10 报告了政府补贴对战略性新兴产业经济绩效影响的总体检验结果。从中可以看出，无论是否对个体、时间和行业进行控制，政府补贴的影响系数均为正值，且均通过了 1% 水平的显著性检验，从而理论假设 H5 得到初步验证。

表 5-10　　　　　　　　　　　　**总体检验结果**

项目	（1）	（2）	（3）	（4）
sub	0.0003 *** (4.35)	0.0003 *** (4.34)	0.0013 *** (4.38)	0.0014 *** (4.48)

续表

项目	(1)	(2)	(3)	(4)
size	0.0314 *** (13.64)	0.0319 *** (13.84)	0.0373 *** (16.00)	0.0373 *** (16.03)
age	−0.0012 *** (−3.05)	−0.0011 *** (−2.83)	−0.0009 ** (−2.15)	−0.0009 ** (−2.04)
lev	−0.2918 *** (−21.94)	−0.2901 *** (−21.81)	−0.2983 *** (−22.62)	−0.2967 *** (−22.5)
ri	0.3101 *** (8.8)	0.3132 *** (8.89)	0.2686 *** (7.65)	0.2688 *** (7.67)
ci	0.0278 *** (2.67)	0.0261 ** (2.5)	0.0051 (0.49)	0.0089 (0.84)
state	−0.0049 (−1.02)	−0.0064 (−1.32)	−0.0039 (−0.79)	−0.0008 (−0.16)
ex	0.0074 (1.52)	0.0075 (1.53)	0.0033 (0.68)	0.0039 (0.80)
常数项	−0.4703 *** (−10.5)	−0.4764 *** (−10.63)	20.9398 *** (11.25)	20.9236 *** (11.24)
个体	未控制	控制	控制	控制
时间	未控制	未控制	控制	控制
行业	未控制	未控制	未控制	控制
F 值	72.79 ***	65.87 ***	73.74 ***	68.04 ***
R^2	0.082	0.0846	0.1017	0.1045
样本数	6427	6427	6427	6427

注：括号内为 T 值；*** 、** 、* 分别表示该系数通过 1%、5%、10% 水平的显著性检验。

5.2.4 调节作用检验

表 5 – 11 分别报告了内部控制质量和高管持股的调节作用检验结果，如

表 5-11 所示。从第（1）列和第（2）可以看出，政府补贴和内部控制质量均对战略性新兴产业经济绩效具有显著的正向影响，且两者的交互项也为正值，这说明内部控制质量在政府补贴影响战略性新兴产业绩效过程中产生显著的正向调节作用。同理，从第（3）列和第（4）列可以看出，高管持股在政府补贴影响战略性新兴产业绩效过程中产生显著的正向调节作用。

表 5-11   调节作用检验结果

项目	内部控制质量的调节作用		高管持股的调节作用	
	（1）	（2）	（3）	（4）
sub	0.0014 *** (3.38)	0.0019 *** (4.73)	0.0038 *** (3.76)	0.0006 *** (5.58)
icq	0.0003 *** (2.65)	0.0001 ** (2.06)	—	—
$sub \times icq$	0.00002 *** (3.90)	0.00003 *** (4.96)	—	—
gs	—	—	0.1762 *** (11.51)	0.2297 ** (2.05)
$sub \times gs$	—	—	0.01289 * (1.75)	0.0168 ** (2.38)
$size$	—	0.0257 *** (11.52)	—	0.0379 *** (16.13)
age	—	−0.0009 ** (2.37)	—	−0.0009 ** (2.22)
lev	—	−0.2389 *** (−19.04)	—	−0.2958 *** (−22.39)
ri	—	0.2192 *** (6.66)	—	0.2744 *** (7.82)
ci	—	0.0178 * (1.80)	—	0.0093 (0.88)

续表

项目	内部控制质量的调节作用		高管持股的调节作用	
	(1)	(2)	(3)	(4)
state	—	-0.0018 (-0.39)	—	-0.0021 (0.42)
ex	—	0.00003 (0.01)	—	0.0041 (0.85)
常数项	4.7176 *** (2.94)	8.1723 *** (4.54)	17.8807 *** (10.67)	21.0227 ** (11.30)
个体	控制	控制	控制	控制
时间	控制	控制	控制	控制
行业	控制	控制	控制	控制
F 值	207.88 ***	133.41 ***	24.69 ***	58.45 ***
R^2	0.1619	0.2113	0.0216	0.1059
样本数	6427	6427	6427	6427

注：括号内为 T 值；***、**、* 分别表示该系数通过 1%、5%、10% 水平的显著性检验。

5.3 政府补贴对战略性新兴产业创新绩效的影响

5.3.1 数值模拟检验

基于前文动态博弈分析进行仿真模拟检验。为此，首先构造政府补贴的期望收益方程 $U_{x1} = y(R_1 - W - C_2) + (1-y)(-C_2) = yR_1 - yW - C_2$ 和政府不实施补贴时的期望收益方程 $U_{x2} = y(R_1) + (1-y) \times 0 = yR_1$，从而得到政府补贴的平均期望收益公式：$\bar{U} = xU_{x1} + (1-x)U_{x2}$。此时，政府的复制动态方程为：

$$F(x) = \frac{dx}{dt} = x(\bar{U} - U_{x1}) = x(1-x)(U_{x1} - U_{x2})$$

$$\Rightarrow F(x) = x(1-x)(-yW - C_2) \qquad (5-7)$$

$F'(x) = (1-2x)(-yW - C_2)$，令 $F(x) = 0$，得到 $x = 0$，$x = 1$，$y' = -\dfrac{C_2}{W}$。

接下来进行雅可比矩阵稳定性分析，令 $F(x) = 0$，$F(y) = 0$ 求得平面上的五个局部的均衡点：$(0, 0)$、$(0, 1)$、$(1, 0)$、$(1, 1)$、(x', y')，$\{0 \leqslant x \leqslant 1; 0 \leqslant y \leqslant 1\}$，由 $F(x)$、$F(y)$ 求微分得到的雅各比矩阵如下：

$$J = \begin{Bmatrix} (1-2x)(-yW - C_2) & x(1-x)W \\ y(1-y)W & y(1-y)(xW + P_1) \end{Bmatrix}$$

依据演化博弈理论，满足 $\text{Det}J > 0$，$\text{Tr}J < 0$ 的均衡点为系统的演化稳定点。从中可以看出，政府与企业之间存在点（1，0）、点（0，1）两个演化稳定策略（ESS）。它们分别对应政府与企业不同的策略组合：政府研发补贴，企业进行技术研发、生产创新产品；政府不进行补贴，企业正常经营生产正常产品。

为了直观展现系统初始状态双方策略选择概率，企业获得补贴与政府直接支付成本、企业创新额外的研发成本 C_1 与企业生产普通产品造成的市场损失与机会成本 C_3 的变化对最终演化结果的影响，本节使用 MATLAB R2016a 软件，对上述的演化博弈的分析过程进行数值模拟分析。本书研究重点是政府研发补贴如何影响企业的技术创新，因此本章着重关注博弈主体策略选择概率的趋势变化，在参数的设置上按照政府研发补贴与企业收益的比值设置，尽量反映现实数据的比例关系，最大限度上保证结果的理论意义和现实意义。在满足 $W < C_1$，$P_1 > P_2$，$0 < x' < 1$ 的条件下，对变量赋值如下：$P_1 = 10$，$P_2 = 9$，$C_1 = 3$，$W = 2$，$M_{11} = 5$，$C_2 = 4$，$C_3 = 3$。根据赋值结果计算可得：$x^* = 0.5$，$y^* = 0.5$。

令 x 的初始值为 0.5，政府 x 值的改变得到不同的政府补贴概率下企业进行技术创新策略选择的演化图（见图 5-1）。初始状态下，企业代表默认选择进行技术创新，此时随着政府进行研发补贴的概率变化，企业是否选择技术创新随之发生了改变，最终会根据政策补贴的概率不同，企业技术创新会到达不同的均衡点。当政府实施研发补贴政策的概率越低，企业随之演化的跟随策略就越接近于 0。这是由于在赋值时，$C_1 + P_2 < C_3 + P_1 + W$ 所引起的情形。

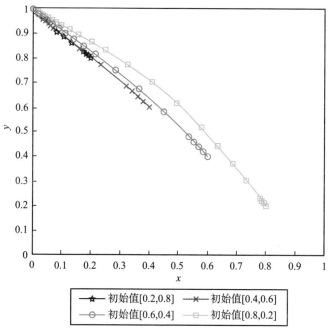

图 5 – 1　初始状态博弈演化

在其他数值不变的情况下，当政府补贴 W 下降至 0.5，或者提升至 2.5 时，得到图 5 – 2。由图我们可以发现，政府补贴在达到一定额度时，对企业的影响是不明显的。也就是说在当企业的产品收益高于普通产品时，政府无论是否提高研发补贴，企业仍旧会选择进行技术研发，此时的驱动力并非政府研发补贴的高低。

在其他数值不变的情况下，改变企业技术创新的研发成本 C_1，得到图 5 – 3。从对比图中我们可以清晰地发现，当研发成本降低时，企业演化博弈策略 ESS 越接近于 x 轴，研发成本的降低对于企业作出的决策与初始情况类似，既伴随

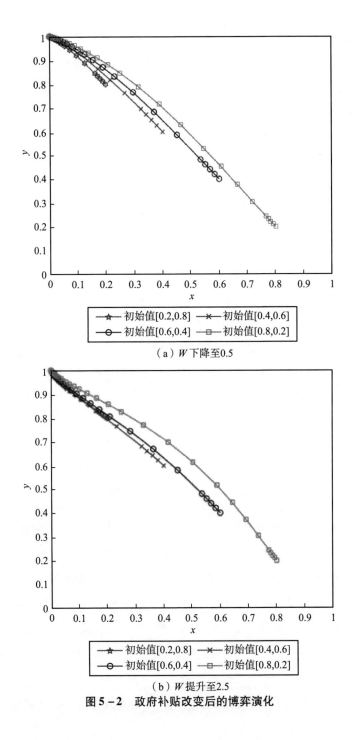

（a）W下降至0.5

（b）W提升至2.5

图5-2 政府补贴改变后的博弈演化

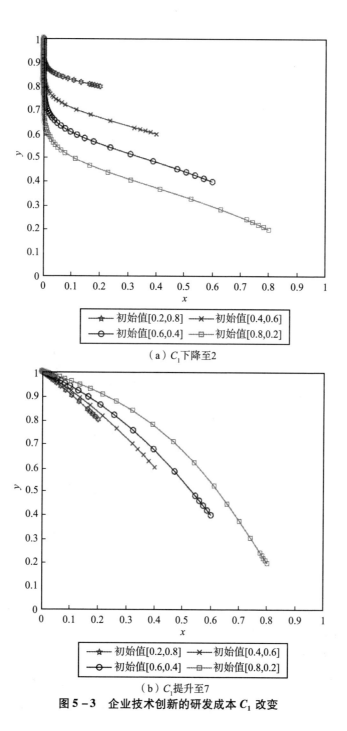

（a）C_1 下降至 2

（b）C_1 提升至 7

图 5 - 3　企业技术创新的研发成本 C_1 改变

政府补贴决策概率的提高，也相应地提高了企业实施研发创新的概率。但是当企业创新的研发成本显著提升时，政府补贴的概率对企业的行为影响就尤为显著。从图5－3b可以明显发现，政府实施概率为0.2时，企业创新行为的最终演化也仅为不到0.2；当政府实施概率提升至0.8时，企业创新行为ESS也相应提升至0.8，即企业在研判政府大概率实施研发补贴政策时，才会选择跟随。

仿真结果表明，当生产新产品收益大于正常产品时，无论是否补贴，企业均会技术创新；技术创新成本较大时，政府补贴对企业创新行为有较大影响。可见，政府补贴金额、企业技术创新研发成本、正常产品的市场损失与机会成本均会直接影响博弈结果，导致政府补贴对企业创新的激励效果存在一定的不确定性，即前文理论假设的验证。

5.3.2　制度环境的调节作用检验

前文理论分析表明制度环境在政府补贴影响战略性新兴产业创新绩效中具有正向调节作用。这一部分旨在宏观层面考查制度环境在政府补贴影响创新绩效中的调节作用，因此，采用2000～2015年中国省级战略性新兴产业面板数据作为样本。本书根据《战略性新兴产业分类（2012）》对《中国高技术产业统计年鉴》中的产业进行匹配筛选，并且剔除数据缺失比较严重的内蒙古、海南、青海、西藏、新疆。文中数据主要来自《中国高技术产业统计年鉴》《中国市场化指数报告（2016）》以及各省、自治区、直辖市统计年鉴。

5.3.2.1　变量构建与说明

（1）被解释变量：创新绩效（IP）。参照江积海、沈源（2016）等的做法，本书采用新产品销售收入作为战略性新兴产业创新绩效的代理变量，并采用专列申请数量进行稳健性检验。

（2）核心解释变量：政府补贴（sub）。基于宏观层面数据可得性和战略性新兴产业特点，将政府补贴界定为政府对战略性新兴产业开展科技活动

（R&D）的支持程度。因此，采用科技活动经费筹集额中政府资金作为代理变量。

（3）门槛变量：制度环境（*market*）。参照马青、傅强（2017）等的做法，本书选取王小鲁、樊纲和余静文（2017）编制的市场化指数来表示。

（4）控制变量。为了更加科学充分地反映政府补贴对战略性新兴产业创新绩效的影响，本书还引入产业规模、技术引进、出口规模、资本投入、产权性质等 5 个控制变量。

为了降低多重共线性对回归结果的不良影响，创新绩效、政府补贴、企业规模、技术引进、出口交货额等 5 个变量分别取自然对数，主要变量的具体定义如表 5 – 12 所示。

表 5 – 12　　　　　　　　　　　　　变量定义

变量类型	变量名称	符号表示	变量定义
因变量	创新绩效	*IP*	新产品销售收入的对数值
自变量	政府补贴	*sub*	科技活动经费筹集额中政府资金的对数值
门槛变量	制度环境	*market*	市场化指数（王小鲁等，2017）
控制变量	产业规模	*cygm*	地区企业年末平均从业人数的对数值
	技术引进	*jsyj*	地区技术引进费用支出额的对数值
	出口规模	*ckjh*	地区出口交货额的对数值
	资本投入	*zbmj*	地区资本存量除以从业人员总数
	产权性质	*gyrs*	国有及国有控股企业从业人数的对数值

5.3.2.2　模型设定

根据理论分析结果，本书采用面板门槛效应模型进行实证检验，面板门槛效应模型基本形式如下

$$IP_{it} = \beta_0 + \beta^1 sub_{it}(mk_{it} < \gamma) + \beta^2 sub_{it}(mk_{it} > \gamma) + \beta_2 cygm_{it} + \beta_3 jsyj_{it}$$
$$+ \beta_4 ckjh_{it} + \beta_5 zbmj_{it} + \beta_6 gyrs_{it} + \mu_i + e_{it} \qquad (5-8)$$

其中，mk_{it} 为门槛变量，γ 为门槛值，β_1^1 和 β_1^2 分别表示不同区间政府补贴的影响系数，μ_i 代表各省份截面个体效应不随时间而变化，e_{it} 为随机扰动项。式（5 - 8）是单门槛回归模型，可以扩展得到多门槛模型。在具体操作中，还要进行以下检验：

（1）门槛值估计与显著性检验。根据汉森（Hansen，1999）方法，通过最小化残差平方和的方法获得 γ 的估计值；通过自抽样检验获得统计量的概率值，若该值小于显著性水平，则说明模型的门槛效应是显著的。

（2）回归过程。根据检验结果，对门槛变量 mk_{it} 进行升序排列，然后采用"格栅搜索法"连续给出候选门槛值，并分别进行回归分析。

（3）置信区间估计。构造似然比统计量 $LR(\gamma) = \left[S1(\gamma) - S1(\hat{\gamma}) \right] / \delta^2 (\hat{\gamma})$ 推导出门槛回归分析真实值的置信区间。

5.3.2.3 描述性统计与初步分析

表 5 - 13 报告了各主要变量的描述性统计结果。从中可以看出样本量为 416，各变量内部差距较大，比如政府补贴最大值为最小值的 6 倍，而资本密集度最大值达到了 128.003，最小值仅有 0.35，最大值为最小值的 360 多倍。主要变量的描述性统计结果如表 5 - 13 所示。

表 5 - 13　　　　　　　　　　　　　描述性统计

变量	平均值	标准差	最小值	最大值	样本量
IP	11.573	1.636	7.323	15.503	416
sub	7.694	1.310	1.919	10.405	416
market	7.378	2.461	2.700	14.320	416
qygm	9.935	1.018	7.053	12.647	416
jsyj	6.890	2.016	0.916	10.717	416
ckjh	3.820	2.057	- 0.629	8.083	416
zbmj	26.428	25.113	0.350	128.003	416
gyrs	8.826	0.818	6.057	10.402	416

5.3.2.4 回归结果与解读

本书接下来以制度环境作为门槛变量，采用门槛效应模型对政府补贴、制度环境与创新绩效之间的关系进行实证检验。

表 5 - 14 报告了门槛类型选择的结果。结果显示单门槛值的 F 值为 23.5，并且通过了 5% 水平的显著性检验，而双门槛和三门槛的 F 值则分别为 4.64 和 14.11，并且均未通过 5% 水平的显著性检验。表 5 - 15 报告了单门槛值的检验结果。制度环境的单门槛值为 8.29，其 95% 置信区间的下限为 8.16，95% 的上限区间为 8.31。综合表 5 - 14 和表 5 - 15 的结果，可以认定，政府补贴对创新绩效的影响存在关于制度环境的单门槛效应。

表 5 - 14   门槛类型选择

门槛类型	F 统计量	P 值	临界值（10%）	临界值（5%）	临界值（1%）
单门槛	23.50 **	0.03	16.79	20.16	29.21
双门槛	4.64	0.56	12.40	15.38	21.49
三门槛	14.11	0.42	26.89	33.46	45.22

注：*、**、***分别表示该系数通过10%、5%、1%水平的显著性检验。

表 5 - 15   单门槛值检验结果

类型	门槛值	95% 置信区间	
		下限	上限
单门槛	8.29	8.16	8.31

表 5 - 16 报告了制度环境单门槛的面板门槛模型回归结果。从中可以看出，当制度环境小于门槛值 8.29 时，政府补贴对创新绩效的影响系数为 0.039，但并未通过显著性检验；但当制度环境大于门槛值 8.29 时，政府补贴对创新绩效的影响系数上升为 0.075，并且通过了 5% 的显著性检验。从控

制变量来看，各变量对创新绩效的影响系数符号均与预期保持一致。其中，企业规模、出口规模和资本投入对创新绩效的影响系数分别为 0.762、0.189和 0.013，并且均通过了 1% 水平的显著性检验，表明企业规模、出口规模和资本投入程度均有助于企业创新绩效的提升。产权性质的影响系数则为 -0.237，并且通过了 5% 水平的显著性检验，表明国有及国有控股企业占比比较高的地区，其战略性新兴产业创新绩效较低。技术引进虽然正向影响创新绩效，但并未通过显著性检验，原因在于各地区还未能较好地吸收利用先进适用技术并借此培育技术进步，存在一定的技术依赖，对企业自主创新产业有一定的抑制作用，最终导致企业创绩效未得到显著提升。

表 5 - 16　　　　　　　　　　　　　面板门槛模型回归结果

变量	系数	标准差	T 值	P 值
qygm	0.762 ***	0.117	6.510	0.000
jsyj	0.01	0.017	0.080	0.940
ckjh	0.189 ***	0.041	4.580	0.000
zbmj	0.013 ***	0.001	10.630	0.000
gyrs	-0.237 **	0.079	-2.980	0.003
常数项	2.427 **	0.561	4.397	0.000
sub（1）	0.039	0.037	1.060	0.288
sub（2）	0.075 **	0.036	2.090	0.037

注：*、**、*** 分别表示该系数通过 10%、5%、1% 水平的显著性检验；*sub*（1）和 *sub*（2）分别表示制度环境小于和大于门槛值的两个区间。

以上结果表明，制度环境正向调节政府补贴对创新绩效的影响，只有制度环境跨过一定的门槛值时，政府补贴对战略性新兴产业创新绩效才会产生显著的正向影响，从而理论分析在实证部分得到验证。

根据门槛值，表 5 - 17 将 2000～2015 年 26 个省份划分为较好制度环境与较差制度环境两类。其中，2000～2015 年，河北、山西、吉林、黑龙江、广西、贵州、云南、甘肃、宁夏等 9 个省份的制度环境均小于门槛值

（8.29），战略性新兴产业创新所需的制度环境亟待改善；江西、湖南、四川、陕西等 4 个省份在 2014 年之后制度环境指数才超过门槛值；湖北则在 2012 年之后，制度环境已经超过门槛值；河南、安徽超过门槛值的时间为 2011 年；辽宁、重庆的制度环境超过门槛值的时间分别为 2007 年、2010 年；北京、天津和山东在 2005 年制度环境已经超过门槛值；而江苏和福建在 2004 年之后，制度环境已经比较好；上海、浙江、广东除了 2000 年和 2001 年，其他年份的制度环境较好。整体来看，东部地区的制度环境指数大部分跨过门槛值，政府补贴对战略性新兴产业创新绩效的支撑作用得到了更好的发挥；中部地区和西部地区的制度环境指数整体较低，大部分省份的制度环境未超过门槛值，使政府补贴的创新激励作用未得到充分发挥。

表 5 - 17　　　　　　　　　制度环境分类情况

类别	省份	年份	类别	省份	年份
制度环境欠佳	河北	2000 ~ 2015	制度环境欠佳	福建	2000 ~ 2003
	山西	2000 ~ 2015		上海	2000 ~ 2001
	吉林	2000 ~ 2015		浙江	2000 ~ 2001
	黑龙江	2000 ~ 2015		广东	2000 ~ 2001
	广西	2000 ~ 2015	制度环境良好	上海	2002 ~ 2015
	贵州	2000 ~ 2015		浙江	2002 ~ 2015
	云南	2000 ~ 2015		广东	2002 ~ 2015
	甘肃	2000 ~ 2015		江苏	2004 ~ 2015
	宁夏	2000 ~ 2015		福建	2004 ~ 2015
	江西	2000 ~ 2013		北京	2005 ~ 2015
	湖南	2000 ~ 2013		天津	2005 ~ 2015
	四川	2000 ~ 2013		山东	2005 ~ 2015
	陕西	2000 ~ 2013		辽宁	2007 ~ 2015
	湖北	2000 ~ 2011		重庆	2010 ~ 2015

续表

类别	省份	年份	类别	省份	年份
制度环境欠佳	河南	2000~2010	制度环境良好	河南	2011~2015
	安徽	2000~2010		安徽	2011~2015
	重庆	2000~2009		湖北	2012~2015
	辽宁	2000~2006		江西	2014~2015
	北京	2000~2004		湖南	2014~2015
	天津	2000~2004		四川	2014~2015
	山东	2000~2004		陕西	2014~2015
	江苏	2000~2003	—	—	—

5.3.2.5 稳健性检验

为保证实证结果准确，采用以下三种方式进行稳健性检验：

（1）将样本按照制度环境大小划分为两部分，分别采用固定效应模型进行回归。结果表明，在制度环境小于 7.378 的子样本中，政府补贴的影响系数为 0.009，但并不显著；在制度环境大于 7.378 的子样本中，政府补贴的影响系数为 0.069，且通过了 5% 水平的显著性检验。

（2）引入政府补贴和制度环境的交互项，运用固定效应模型进行回归。结果表明，交互项系数为 0.001，并且通过了 1% 水平的显著性检验。

（3）替换被解释变量。分别采用研发经费投入和专利申请量作为创新绩效的代理变量，运用面板门槛效应模型重新进行回归。当采用研发经费投入作为被解释变量时，当制度环境低于门槛值时，政府补贴的影响系数为 0.206，当制度环境高于门槛值时，政府补贴的影响系数为 0.338，两个系数都通过了 1% 水平的显著性检验。当采用专利申请量作为被解释变量时，当制度环境低于门槛值（8.58）时，政府补贴的影响系数为 0.29，但并不显著；当制度环境高于门槛值时，政府补贴的影响系数为 0.359，并通过了 1% 水平的显著性检验。各控制变量的符号均与之前大体保持一致。

三种形式的稳健性检验结果均表明，随着制度环境的改善，政府补贴对战略性新兴产业创新绩效的促进作用增强并且更加显著。因此，本书的理论分析是成立的，研究结果是可靠的。稳健性检验的具体结果如表 5 - 18 所示。

表 5 - 18 　　　　　　　　　稳健性检验

项目	分组估计结果		交互项回归	替换被解释变量	
	market < 7.378	market > 7.378		专利申请量	研发经费投入
sub	0.009 [0.041]	0.069 ** [0.029]	0.069 ** [0.03]	—	—
market	—	—	0.337 ** [0.102]	—	—
sub × market	—	—	0.001 *** [0.0003]	—	—
sub（1）	—	—	—	0.29 [0.152]	0.206 *** [0.033]
sub（2）	—	—	—	0.359 *** [0.051]	0.338 *** [0.031]
qygm	1.351 *** [0.273]	0.325 * [0.169]	0.643 *** [0.118]	0.721 *** [0.167]	0.671 *** [0.099]
jsyj	-0.013 [0.027]	0.033 [0.021]	0.006 [0.017]	-0.031 [0.025]	0.020 [0.015]
ckjh	0.142 [0.093]	0.121 ** [0.057]	0.141 *** [0.044]	0.02 [0.063]	0.113 *** [0.036]
zbmj	0.009 *** [0.002]	0.014 *** [0.002]	0.012 *** [0.001]	0.007 *** [0.002]	0.01 *** [0.001]
gyrs	-2.358 *** [0.782]	-0.549 * [0.32]	-0.866 *** [0.213]	-1.627 *** [0.296]	-0.11 [0.069]
常数项	-4.24 [2.777]	7.317 *** [1.865]	5.431 *** [1.236]	-5.22 *** [1.692]	3.416 ** [1.121]

项目	分组估计结果		交互项回归	替换被解释变量	
	market < 7.378	*market* > 7.378		专利申请量	研发经费投入
F 值	8.33 ***	10.81 ***	13.42 ***	179.27 ***	326.76
R²	0.778	0.741	0.815	0.7662	0.857
样本数	196	220	416	416	416

注：*、**、*** 分别表示该系数通过 10%、5%、1% 水平的显著性检验；括号内为标准差；*sub*（1）和 *sub*（2）分别表示制度环境小于和大于门槛值的两个区间。

5.3.2.6 制度环境的作用机制检验

前文检验表明，制度环境的确在政府补贴影响战略性新兴产业创新绩效过程中产生了正向调节作用，但并不清楚制度环境究竟是如何发挥作用。接下来，将对制度环境进行细分，从而对理论分析中的四条机制进行检验。为了准确识别当前制度环境具体通过何种维度发挥其调节作用，从而确定制度环境的优化方向，接下来通过引入交互项的形式进行检验，模型具体设定如下：

$$IP_{it} = \beta_0 + \alpha_1 sub_{it} + \alpha_2 market_{it}^j + \alpha_3 sub_{it} \times market_{it}^j + \beta_2 cygm_{it}$$
$$+ \beta_3 jsyj_{it} + \beta_4 ckjh_{it} + \beta_5 zbmj_{it} + \beta_6 gyrs_{it} + \mu_i + \varepsilon_{it} \qquad (5-9)$$

其中，j 分别取值为 1~4，表示政府与市场关系、非国有经济的发展、要素市场的发育程度和市场中介组织的发育和法律制度等制度环境的四个重要维度；α_1 和 α_2 分别表示政府补贴和制度环境的影响系数；α_3 为重点关注系数，如果该系数为正且通过显著性检验，则表明该指标是制度环境发挥作用的重要维度。

表 5-19 报告了制度环境四个维度的回归结果。其中，政府与市场关系、非国有经济的发展、要素市场的发育程度、市场中介组织的发育和法律制度这四个维度的交互项均至少通过了 10% 的显著性检验，即它们均是制度环境发挥调节作用的重要维度，而产品要素市场的发育程度与政府补贴的交互项系数并不显著。

表 5 - 19 制度环境关键维度识别检验

项目	$market^1$	$market^2$	$market^3$	$market^4$
sub	0.043 [0.038]	0.068 * [0.04]	0.023 [0.037]	0.043 [0.038]
$market^j$	0.067 * [0.036]	0.299 *** [0.037]	0.37 *** [0.036]	0.267 *** [0.036]
$sub \times market^j$	0.002 *** [0.0008]	0.0039 ** [0.0016]	0.0016 ** [0.0007]	0.0019 *** [0.0003]
$cygm$	0.88 *** [0.118]	1.031 *** [0.124]	0.936 *** [0.173]	0.914 *** [0.162]
$jsyj$	− 0.003 [0.017]	0.005 [0.017]	0.131 *** [0.042]	0.121 *** [0.031]
$ckjh$	0.165 *** [0.042]	0.153 *** [0.043]	0.012 *** [0.001]	0.011 *** [0.002]
$zbmj$	0.014 *** [0.001]	0.013 *** [0.001]	0.017 *** [0.001]	0.013 *** [0.003]
$gyrs$	− 0.267 *** [0.079]	− 0.229 *** [0.081]	− 0.199 ** [0.08]	− 0.179 ** [0.076]
常数项	2.71 ** [0.239]	3.132 *** [0.482]	2.851 ** [0.391]	1.782 ** [0.721]
F 值	232.32 ***	207.94	241.82 ***	241.82 ***
R^2	0.8094	0.8132	0.816	0.816
样本数	416	416	416	416

注：* 、** 、*** 分别表示该系数通过 10% 、5% 、1% 水平的显著性检验；括号内为标准差。

以上结果表明，在继续减少地方政府对市场环境的不当干预，进一步优化要素市场环境，加快金融市场的改革，为非国有经济，尤其是民营企业发展创造良好的外部环境对于更好地发挥政府补贴对战略性新兴产业创新绩效的影响十分重要。

5.3.3 补贴力度和民营经济占比的调节作用检验

5.3.3.1 变量构建与说明

（1）被解释变量：创新绩效。与前文做法相同，采用新产品销售收入的对数值表示，并采用专列申请数量进行稳健性检验。

（2）解释变量：政府补贴。与前文相同，基于研发（R&D）支持视角，采用科技活动经费筹集额中政府资金作为政府补贴代理变量。

（3）门槛变量：补贴强度和民营经济占比。其中，补贴强度采用科技活动经费筹集额中政府资金的比重来表示，民营经济占比采用1减去国有及国有控股企业从业人员数占所有从业人员总数来表示。

（4）控制变量。为了更加科学充分地反映政府补贴对战略性新兴产业创新绩效的影响，本书还引入产业规模、技术引进、出口规模、资本密集度等4个控制变量。

主要变量的具体定义如表5-20所示。

表5-20 变量定义

变量类型	变量名称	符号表示	变量定义
被解释变量	创新绩效	IP	新产品销售收入对数值
解释变量	政府补贴	sub	科技活动经费筹集额中政府资金对数值
门槛变量	补贴强度	$btqd$	科技活动经费筹集额中政府资金的比重
	民营经济占比	$myjj$	1减去国有及国有控股企业从业人员数占所有从业人员总数
控制变量	产业规模	$qygm$	地区企业年末平均从业人数对数值
	技术引进	$jsyj$	地区技术引进费用支出额对数值
	出口规模	$ckjh$	地区出口交货额对数值
	资本密集度	$zbmj$	资本存量除以从业人员数

由于政府未在省级层面对战略性新兴产业进行专门统计，本书采用2000～2018 年省级层面高新技术产业面板数据作为研究样本，并且剔除数据缺失比较严重的内蒙古、海南、青海、西藏、新疆，最终选取 26 个省份。数据均来自历年《中国高技术产业统计年鉴》《中国市场化指数（2011）》《中国市场化指数报告（2016)》以及各省、自治区、直辖市统计年鉴。

5.3.3.2 模型设定

根据理论分析结果，本书采用面板门槛效应模型进行实证检验，面板门槛效应模型基本形式如下所示：

$$IP_{it} = \beta_0 + \beta_1^1 sub_{it} \times (mk_{it} < \gamma) + \beta_1^2 sub_{it} \times (mk_{it} > \gamma) + \beta_2 qygm_{it} + \beta_3 jsyj_{it}$$
$$+ \beta_4 ckjh_{it} + \beta_5 zbmj_{it} + \mu_i + \varepsilon_{it} \quad\quad\quad (5-10)$$

其中，IP 代表创新绩效，采用新产品销售收入衡量，sub 表示政府补贴，mk_{it} 为门槛变量，分别用补贴强度和民营经济占比表示，γ 为门槛值，$qygm$ 表示企业人数，$jsyj$ 表示技术引进，$ckjh$ 表示出口交货额，$zbmj$ 表示资本密集度。β_1^1 和 β_1^2 分别表示不同门槛区间政府补贴对战略性新兴产业创新绩效的影响系数，μ_i 代表各省份截面个体效应不随时间而变化，e_{it} 是随机扰动项。式（5-10）是单门槛回归模型，可以扩展得到多门槛模型。

在具体操作中，还要进行以下检验：第一，门槛值估计与显著性检验。根据汉森（Hansen，1999）的方法，通过最小化残差平方和的方法获得 γ 的估计值；通过自抽样检验获得统计量的概率值，若该值小于显著性水平，则说明模型的门槛效应是显著的。第二，回归过程。根据检验结果，对门槛变量 mk_{it} 进行升序排列，然后采用"格栅搜索法"连续给出候选门槛值，并分别进行回归分析。第三，置信区间估计。构造似然比统计量 $LR(\gamma) = [S1(\gamma) - S1(\hat{\gamma})]/\delta^2(\hat{\gamma})$ 推导出门槛回归分析真实值的置信区间。

5.3.3.3 描述性统计与基本事实

表 5-21 报告了各主要变量的描述性统计结果，可以看出各变量的标准差较小，样本数值分布比较均匀，说明样本数据的代表性较好。为了初

步检验补贴强度、民营经济发展程度在政府补贴影响创新绩效中的正向调节作用，分别按照补贴强度的平均值和民营经济占比的平均值将样本划分为四种类型。

表5-21　　　　　　　　　　　描述性统计

变量	平均值	标准差	最小值	最大值	样本量
IP	14.196	2.053	8.787	21.164	494
sub	9.555	1.788	2.303	16.004	494
btqd	0.112	0.111	0.005	0.545	494
myjj	0.663	0.249	0.022	0.969	494
qygm	11.997	1.232	8.464	15.175	494
jsyj	8.268	2.432	1.099	13.784	494
ckjh	4.842	2.460	-0.764	9.760	494
zbmj	13.291	1.085	8.342	15.587	494

5.3.3.4　门槛类型选择

本书接下来以补贴强度和民营经济作为门槛变量，采用面板门槛固定效应模型对政府补贴强度、民营经济与创新绩效之间的关系进行实证检验。

表5-22报告了门槛类型选择的结果。首先看补贴强度，单门槛值的F值为35.58，并且通过了1%水平的显著性检验，而双门槛和三门槛的F值则分别为2.10和2.70，并且均未通过5%水平的显著性检验。根据表5-22可得，政府补贴对创新绩效的影响具有补贴强度的单门槛效应。再看民营经济，显示单门槛值的F值为37.27，并且通过了1%水平的显著性检验，而双门槛和三门槛的F值则分别为7.55和7.73，并且均未通过5%水平的显著性检验。根据表5-22可得，政府补贴对创新绩效的影响具有民营经济的单门槛效应。

表 5 – 22   门槛类型选择

变量	单门槛		双门槛		三门槛	
	F 值	P 值	F 值	P 值	F 值	P 值
btqd	35. 58 ***	0. 002	2. 10	0. 888	2. 70	0. 683
myjj	37. 27 ***	0. 006	7. 55	0. 155	7. 73	0. 212

注：*、**、***分别表示该系数通过10%、5%、1%水平的显著性检验。

5.3.3.5　初步回归

表 5 – 23 第（2）列和第（3）列分别描述了补贴强度和民营经济占比的面板门槛模型回归结果。

表 5 – 23   面板门槛模型回归结果

项目	（1）	（2）	（3）
sub	0. 039 ［0. 028］	—	—
sub（*btqd* < 0. 1104）	—	0. 128 *** ［0. 044］	—
sub（*btqd* > 0. 1104）	—	0. 089 ** ［0. 042］	—
sub（*myjj* < 0. 665）	—	—	0. 024 ** ［0. 014］
sub（*myjj* > 0. 665）	—	—	0. 043 *** ［0. 017］
qygm	0. 921 *** ［0. 115］	0. 807 *** ［0. 119］	0. 891 *** ［0. 117］
jsyj	– 0. 016 ［0. 019］	– 0. 011 ［0. 017］	– 0. 014 ［0. 017］

续表

项目	(1)	(2)	(3)
ckjh	0.133 *** [0.045]	0.129 *** [0.043]	0.165 ** [0.045]
zbmj	0.467 *** [0.043]	0.421 *** [0.044]	0.454 *** [0.044]
常数项	−3.554 *** [1.234]	−1.016 [1.388]	12.82 *** [1.101]
F 值	14.93 ***	12.34 ***	10.91 ***
R²	0.811	0.802	0.819
样本数	496	496	496

注: * 、** 、*** 分别表示该系数通过 10% 、5% 、1% 水平的显著性检验；括号内为标准差。

从第（2）列可以看出：一方面，当政府补贴强度大于门槛值 0.1104 时，政府补贴对战略性新兴产业创新绩效的影响系数为 0.089，并且通过了 5% 水平的显著性检验；当政府补贴强度小于门槛值 0.1104 时，政府补贴对战略性新兴产业创新绩效的影响系数为 0.128，并且通过了 1% 水平的显著性检验。控制变量中，产业规模、出口规模和资本密集度对实质性创新的影响系数分别为 0.807，0.129 和 0.421，并且均通过了 1% 水平的显著性检验，表明产业规模、出口规模和资本密集度均有助于企业提升实质性创新。技术引进的影响系数则为 −0.011，并且没有通过显著性检验，这表明技术引进对高技术产业实质性创新绩效的影响并不显著，原因在于各地区还未能较好地吸收利用先进适用技术并借此培育技术进步，存在一定的技术依赖，对自主创新具有一定的抑制作用，最终不利于实质性创新绩效的提升。F 值为 12.34，并且通过了 1% 水平的显著性检验，可决系数 R² 为 0.802，说明整个模型模拟程度较高。

从第（3）列可以看出：当民营经济占比大于门槛值 0.665 时，政府补贴对战略性新兴产业创新绩效的影响系数为 0.043，并且通过了 1% 水平的显著性检验；当民营经济占比小于门槛值 0.665 时，政府补贴对战略性新兴产业创新绩效的影响系数为 0.024，并且通过了 5% 水平的显著性检验。控制变量中，产业规模和资本密集度对实质性创新绩效的影响系数分别为 0.891 和 0.454，并且都通过了 1% 水平的显著性检验；出口规模对实质性创新绩效的影响系数为 0.165，并且通过了 5% 水平的显著性检验。这表明产业规模、资本密集度和出口规模均有助于高技术产业实质性创新绩效的提升。技术引进对实质性创新绩效的影响系数为 −0.014，并且没有通过显著性检验。F 值为 10.91，并且通过了 1% 水平的显著性检验，可决系数 R^2 为 0.819，表明该模型拟合度比较高。

以上结果表明，补贴强度负向调节政府补贴对创新绩效的影响；民营经济发展状况正向调节政府补贴对创新绩效的影响。只有补贴强度合适、民营经济发展程度跨过一定的门槛值时，政府补贴对战略性新兴产业创新绩效的正向作用才更大并且更加显著。从而理论分析在实证部分得到验证。

5.3.3.6 稳健性检验

本书采用以下两种方式进行稳健性检验：

（1）内生性检验：将解释变量和门槛变量均滞后一期，重新进行回归。表 5-24 第（1）列和第（2）列分别为以补贴强度和民营经济比重为门槛的回归结果。从中可以看出，当补贴强度高于门槛值时，政府补贴的影响系数由 0.112 减小为 0.080；当民营经济比重高于给定门槛值时，政府补贴强度的影响系数则从 0.044 上升至 0.059。控制变量的回归结果则大体保持不变。

表 5-24　　　　　　　　　稳健性检验

变量	内生性检验		被解释变量替换	
	（1）	（2）	（3）	（4）
	补贴强度作为门槛值	民营经济比重作为门槛值	补贴强度作为门槛值	民营经济比重作为门槛值
$sub(btqd<\gamma)$	0.112** [0.049]	—	0.354** [0.066]	—

续表

变量	内生性检验		被解释变量替换	
	（1）	（2）	（3）	（4）
	补贴强度作为门槛值	民营经济比重作为门槛值	补贴强度作为门槛值	民营经济比重作为门槛值
$sub(btqd > \gamma)$	0.080 ** [0.043]	—	0.292 ** [0.059]	—
$sub(myjj < \gamma)$	—	0.044 *** [0.018]		0.212 *** [0.053]
$sub(myjj > \gamma)$	—	0.059 ** [0.028]	—	0.287 *** [0.052]
$lnqyrs$	0.795 ** [0.117]	0.711 *** [0.118]	1.078 *** [0.163]	1.221 *** [0.142]
$lnjsyj$	−0.002 [0.021]	0.001 [0.021]	−0.039 [0.023]	−0.029 [0.024]
$lnckjh$	0.123 ** [0.038]	0.112 ** [0.042]	−0.028 ** [0.045]	−0.054 [0.059]
$lnzbmj$	0.531 *** [0.042]	0.512 *** [0.041]	0.592 *** [0.06]	0.518 *** [0.065]
常数项	−3.423 *** [1.276]	−2.785 * [1.444]	−16.807 *** [1.714]	−16.78 *** [1.681]
F 值	10.99 ***	12.65 ***	8.79 ***	9.67
R^2	0.7948	0.8012	0.7731	0.7733
样本数	496	496	496	496
门槛值 γ	0.0995	0.6553	0.0843	0.5782

注：*、**、*** 分别表示该系数通过10%、5%、1%水平的显著性检验；括号内为标准差。

（2）被解释变量替换：采用专利申请量作为实质性创新绩效的代理变量重新回归。表5-24第（3）列和第（4）列为其回归结果。同样，当补贴强度高于门槛值时，政府补贴影响系数从0.354减小为0.292；当民营经济比重高于门槛值时，政府补贴影响系数由0.212上升至0.287。各控制变量的符号大体保持不变。

以上稳健性检验结果证明本书的回归结果是可靠的。

5.3.3.7 进一步分析

以上分析结果表明，政府补贴对创新绩效具有显著的非线性影响，其作用效果明显受到补贴强度和民营经济比重的影响。那么，考察期内，政府补贴强度和民营经济发展总体情况如何，各省份补贴强度和民营经济发展又是否处于合理区间呢？为更深入了解这一系列问题，进而提出更具有针对性的对策建议，本研究根据历年各省份政府补贴强度和民营经济比重的门槛效应回归结果，详细考察政府补贴影响高技术产业实质性创新绩效的时间特征和空间特征。下面根据历年各省份政府补贴强度和民营经济占比的门槛效应回归结果，详细考察政府补贴影响战略性新兴产业创新绩效的时间特征和空间特征。

第一，我国战略性新兴产业政府补贴强度状况。图 5-4 展示了我国 2000~2018 年政府补贴强度的情况，可以看到除了 2005 年、2011 年和 2013 年在门槛值以下，其余年份都超过了门槛值，这说明政府补贴强度整体偏高。

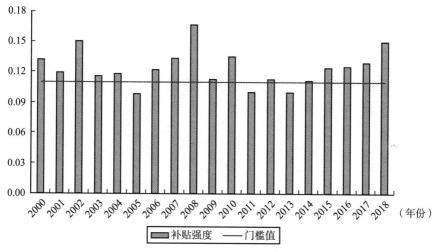

图 5-4 政府补贴强度年度情况

资料来源：每年我国政府补贴强度通过对所有省份补贴强度进行算术平均所得。

表5-25 所示为2000~2018 年政府补贴强度中低补贴强度和高补贴强度省份分布情况。在划分各省份时规定，如果该省份的补贴强度存在10 年及以上大于门槛值，则该省份属于高补贴强度省份；如果该省份的补贴强度存在10 年以下低于门槛值，则该省份属于低补贴强度省份。从表5-25 中可以看出，低补贴强度和高补贴强度两种情况的省份数量相差不多，分别为14 个和12 个。低补贴强度的省份有14 个，以江苏、浙江、福建、山东、河南和广东为代表；而高补贴强度的省份有12 个，其中，山西、辽宁、黑龙江和陕西每年的政府补贴均超过门槛值。

表5-25 政府补贴强度情况

项目	低补贴强度	高补贴强度
省份	北京（13），天津（16），河北（16），吉林（13），上海（15），江苏（19），浙江（19），安徽（12），福建（19），山东（19），河南（19），广东（19），广西（14），宁夏（12）	山西（19），辽宁（19），黑龙江（19），江西（13），湖北（11），湖南（10），重庆（10），四川（14），贵州（15），云南（10），陕西（16），甘肃（16）

注：括号内数字为该省份属于该区间的年数。

整体来说，东部地区补贴强度较低，大部分省份处于合理区间，表明在该地区，政府补贴可以有效支撑高技术产业创新；中部地区补贴强度具有显著的差异性，其中河南、安徽、吉林等3 个省份补贴强度较为合适，而山西、黑龙江、江西、湖北、湖南等5 个省份的补贴强度较高；西部地区补贴强度较高，除广西、宁夏以外，其他6 个省份均为高补贴强度省份，表明在该地区，政府补贴对创新绩效的促进作用并不明显。由此可见，我国战略性新兴产业政府补贴强度具有显著的空间异质性。

第二，我国战略性新兴产业民营经济发展状况。图5-5 所示为我国2000~2018 年民营经济比重。由图5-5 可以看出，2000~2018 年，我国民营经济比重大致呈逐年增加趋势，并且于2007 年跨过门槛值0.665。这说明，近年来我国民营经济比重越来越高，国家更加注重民营经济的发展，这有助于改善政府补贴对战略性新兴产业创新绩效的正向作用。

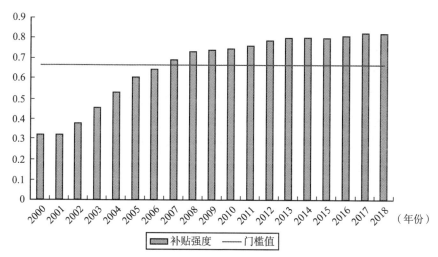

图 5 – 5   2000 ~ 2018 年民营经济占比情况

资料来源：每年我国民营经济占比通过对所有省份民营经济占比进行算术平均所得。

表 5 – 26 所示为我国 2000 ~ 2018 年民营经济比重省份分布情况。在划分各省份时规定，如果该省份的民营经济存在 10 年及以上大于门槛值，则该省份属于民营经济发达省份；如果该省份的民营经济存在 10 年以下低于门槛值，则该省份属于民营经济欠发达省份。从表 5 – 26 中可以看出，2000 ~ 2018 年，我国民营经济比重较低的省份有 7 个，其中黑龙江、陕西、甘肃和贵州的民营经济比重均较低；民营经济比重较高的省份有 19 个，其中浙江、福建和广东的民营经济比重均较高。

表 5 – 26   2000 ~ 2018 年民营经济占比分省情况

项目	民营经济占比较低	民营经济占比较高
省份	辽宁（11），贵州（15），四川（11），重庆（11），甘肃（15），陕西（19），黑龙江（19）	北京（12），天津（16），河北（11），河南（13），广东（19），山西（13），吉林（13），上海（16），湖北（11），广西（14），江苏（17），浙江（19），安徽（9），湖南（11），云南（12），福建（19），江西（12），山东（16），宁夏（11）

注：括号内数字为该省份属于该区间的年数。

整体来说，东部地区和中部地区民营经济比重较高，除了黑龙江和吉林以外，其他省份均属于民营经济发达省份，这表明政府补贴对东部和中部创新绩效的作用较为显著；西部地区则仅有云南、宁夏的民营经济比重较高，其他则属于民营经济欠发达省份，这表明在该地区，政府补贴对创新绩效的正向作用未得到充分发挥。

第三，我国政府补贴强度与民营经济比重的总体情况。表5-27所示为我国2000~2018年政府补贴强度与民营经济比重的省份分布情况。通过补贴强度与民营经济比重两个维度划分的四种情况，分别为欠发达低强度、欠发达高强度、发达低强度和发达高强度省份。由表5-27可以看出：首先，欠发达低强度的省份没有；其次，欠发达高强度的省份有辽宁、黑龙江、重庆、四川、贵州、山西、甘肃等7个省份，此类省份政府补贴效果较差，应降低政府补贴，同时积极发展民营经济；再次，发达低强度的省份较多，包括北京、天津、河北等14个省份，并且主要分布在我国东部地区，此类省份的政府补贴的效果较好；最后，发达高强度的省份有山西、江西、湖北、湖南、云南等5个省份，此类省份必须降低政府补贴强度，注重提高企业自主研发投入。

表5-27　　　　　　　　政府补贴强度与民营经济占比分省情况

项目	低补贴强度省份	高补贴强度省份
民营经济欠发达省份	—	辽宁，重庆，四川，贵州，山西，甘肃，黑龙江
民营经济发达省份	北京，天津，河北，吉林，上海，江苏，浙江，安徽，福建，山东，河南，广东，广西，宁夏	山西，江西，湖北，湖南，云南

5.3.4　企业家背景的协同作用检验

创新是企业自身特征与外部情境因素综合作用的结果，必须充分挖掘两个及多个层面前因条件的协同联动机制。因此，借鉴杜运周等（2017）、米桑以（Misangyi，2017）等研究思路，这部分检验采用模糊定性比较分析方法（FsQCA），从微观企业家背景层面出发，对其年龄、性别、任职年限、学历、海外留学经历与宏观层面的政府补贴和税收优惠进行整合，并对 7 种前因条件组成的不同组态与企业创新绩效之间的关系进行分析，从而挖掘业创新绩效的提升路径，以期对企业家背景的协同作用进行检验。

5.3.4.1 样本的选择

数据源于 2015 年中关村科技园企业统计数据，之所以选择这一数据库的原因在于：①中关村科技园是中国企业创新的高度集中区，园区内大多为战略性新兴企业，具有较强的代表性；②企业创新的度量指标通常采用研发经费投入、专利申请数量、新产品销售收入等表示。但研发经费投入只是反映创新投入状况，专利并不能准确反映创新效益，新产品销售收入则有效反映了企业创新成果。但一般的数据库并未披露新产品销售收入指标，而《中关村科技园企业调查数据库》则统计了这一指标。因此，选用中关村科技园企业数据库作为研究样本，研究结论更为可靠。

2015 年中关村科技园企业共计 9000 多家。本书选择制造企业作为研究对象，并按照以下原则甄选样本：①剔除营业收入小于新产品销售收入等数据异常企业；②剔除新产品销售收入、税收减免额、补贴收入等关键数据缺失的企业；③剔除处于停业、筹建、撤销等非营业状态的企业。最终，进入FsQCA 分析的企业共有 700 家。

5.3.4.2 方法选择

本书选择模糊定性比较分析（FsQCA）探究企业家背景与财税政策对企业创新的影响，其原因主要在于：①这两类 7 种变量中既有定性指标，也有定量指标。而常规的定性研究侧重某个或多个案例，难以外推；定量分析只关注部分无法反映案例整体，尤其无法揭示多重并发关系。FsQCA 则很好地将定量分析与定性分析相结合，既适合小样本又适合中等样本。②传统计量分析通常需寻找唯一解，而企业创新的路径通常不是唯一的。变量间的不同组合可能均会导致高创新成果产生。采用 FsQCA 显然可以找出更符合现实经济实践的多种创新路径。因此,本书采用 FsQCA 进行分析。

5.3.4.3　变量的选取

依据 FsQCA 分析要求,将企业家年龄、性别、任职年限、学历、海外留学经历、政府补贴、税收优惠设置为条件变量,将企业创新绩效作为结果变量。其中企业家年龄等五个变量代表了企业家背景,财政补贴和税收优惠代表了财税政策。

(1)企业家年龄。班特尔(Bantel,1989)指出,年龄往往和阅历相挂钩,它会影响企业家的工作态度、战略观点和风险偏好。一方面,年龄偏大的企业家由于其认知趋向平稳化、知识结构也逐渐老化,在决策时偏向选择风险较小的战略方向;而年轻的企业家具有较强的冒险精神和观察能力,更倾向于选择比较新的管理模式和组织架构,不断提升企业技术能力。另一方面,年轻企业家虽然具有较强的风险承担倾向和创新意识,但这些仅是企业家的主观意识,由于认知能力有限,创新成效未必显著。年龄偏大的企业家则可以借助多年累积的认知能力和社会资本,更有效地开展创新活动,企业创新成效更为显著。企业家年龄设定为 2015 减去企业家出生年份。

(2)企业家性别。行为金融学的相关研究表明,男性比女性表现得更加激进,会容易过度自信并经常高估自己的判断。通常,男性比女性更加大胆,也更愿意承担决策的风险,而女性则会更加谨慎稳健,会比较细致周全。女性比男性更加感性细腻,从企业家角度来说,女性企业家比男性企业家更能敏锐地了解市场与顾客,构建融洽的团队氛围,但在创新管理方面,男性企业家对创新管理的敏锐性普遍高于女性企业家。可见,男性企业家的创新意识通常强于女性企业家。男性企业家设定为 1,女性企业家设定为 0。

(3)企业家学历。高学历者通常具有较强的学习和洞察能力,在变幻莫测的市场情况下能够保持清晰的思维,有利于作出准确而创新的决策。学历影响企业家对新事物认知的程度和掌握新知识的深度、广度,学历越高的企业家往往接受风险和创新的可能性越大,这有利于企业加大创新投入,继而激励企业创新。企业家所学的专业影响企业家的知识认知和思维方式，例如，与科学工程或物理科学相关的专业，企业家能依靠自身专业对产品技术和科技前沿的发展作出更加准确的决策，提高企业的研发能力。企业家学历按照高中、大专、本科、硕士、博士及以上分别赋值为 12、15、18、19、23。

（4）企业家海外留学经历。高阶理论表明，国外的求学经历，培养了企业家的心理素质，使企业家具有国际化视野和更加前卫的思维观念。海外留学过程中，由于受到多元化文化熏陶，企业家更加具有冒险精神、环境适应能力和较强的承担风险意识，他更加愿意接受改变并且能够承担改变带来的风险。宋建波（2017）研究表明，具有海外留学经历的高管更有动力增加研发支出，提升了企业的风险承担水平，导致企业创新能力增强，并且高管风险承担意识的强弱与担任企业关键职位正相关。由于企业家在企业中是核心地位，其承担风险的意识越强，企业创新投入就越大，创新成效通常更为显著。企业家海外留学经历则按是否曾在国外留学，分别赋值为 1 和 0。

（5）企业家任职年限。任期时间越长，企业家能够积累更多与企业和行业运营相匹配的经营经验，有利的社会资本越多，企业家对公司实施创新活动的把握越大。反之任期年限越短，由于企业家并不了解企业目前的运营状况，为保证企业按照正常轨道运营，只能减少冒险的创新活动。所以任期越长，企业家决策时更偏向于考虑企业长期目标，这会给予周期较长的创新项目活动更多的实施机会，进而企业创新投入水平越高，即企业家在较长的任期内着眼于长远目标，进而继续加大企业创新投入。企业家任职年限设定为 2015 减去企业家任职年限。

（6）政府补贴。政府补贴是一种直接激励政策，是政府为鼓励企业创新直接无偿给予的财政性专项资金。它由政府主导，具有较强的可控性，还能根据经济发展状况进行适时调整，灵活性较大，并且在补贴企业的范围、资金以及目标上具有较强的确定性。赫什利弗（Hirshleifer，2012）认为，创新活动通常具有长周期、高风险、高投入的特点，这在一定程度上制约了企业研发的积极性。因此，政府补贴可以为企业创新活动提供资金支持，降低企业的创新风险，同时政府补贴能够有效降低研发的失败成本，因而得到政府补贴的企业往往有更强烈的意愿开展研发创新活动。参考已有研究，政府补贴采用企业补贴收入来衡量。

（7）税收优惠。税收优惠政策是一种间接激励手段，是指国家运用税收政策对某一部分特定企业给予减轻或免除税收负担的一种措施。税收优惠的激励更侧重于研发活动发生后，具有事后激励效应，并且由于税率具有固定性，所以企业能享受税收优惠的力度更取决于自身的研发创新活动。税收优惠政策的低税率、加速折旧、研发费用加计扣除等可以降低企业研发成本，在一定程度上分担了企业投资失败的部分风险（王宗军等，2019）。因此税收优惠政策承担风险的功能可以提高企业对具有高风险性的创新活动的投入力度。参考已有研究，税收优惠采用减免税总额表示。

（8）创新绩效。根据前文介绍，企业创新绩效采用新产品销售收入表示。

变量设定和数据来源的具体情况如表5-28所示。

表5-28 **变量设定**

研究变量			变量符号	变量定义
条件变量	企业家背景	企业家年龄	*age*	2015减去企业家出生年份
		性别	*gender*	男性赋值1，女性赋值为0
		任职年限	*turner*	2015减去企业家任职年份
		学历	*education*	按照学历从低到高分别赋值为12、15、18、19、23
		海外留学经历	*returnee*	有海外留学经历为1，反之为0
	财税政策	政府补贴	*sub*	企业获得的补贴收入
		税收优惠	*tax*	企业所享受的减免税总额
结果变量	创新绩效		*innovation*	新产品销售收入

5.3.4.4 变量的校准

按照 FsQCA 分析要求，要给案例赋予集合隶属，将各个变量校准为集合。首先设定 3 个临界值：完全隶属、交叉点和完全不隶属，其次将其转变后的集合隶属介于 0 ~ 1 之间。参考拉金（Ragin，1987）研究建议，将 95% 分位数值、95% 分位数值与 5% 分位数值的均值、5% 分位数值作为 7 个条件变量和高创新绩效的 3 个锚点。对于非高创新绩效，其锚点选择正好相反。各变量的锚点如表 5 - 29 所示。

表 5 - 29 各变量锚点

研究变量			目标集合	完全隶属	交叉点	完全不隶属
条件变量	企业家背景	年龄	年龄较大	66	52	38
		性别	男性	1	0.5	0
		任职年限	任职时间较长	21	10.5	0
		学历	学历较高	23	19	15
		海外留学经历	具有海外留学经历	1	0.5	0
	财税政策	政府补贴	高额财政补贴	10827.45	5413.725	0
		税收优惠	高额税收优惠	18610.45	9305.225	0
结果变量	创新绩效		高创新绩效	440287.1	220143.5	0
			非高创新绩效	0	220143.5	440287.1

5.3.4.5 必要性检验

接下来进行必要性检验。由表 5 - 30 可知，各个单项前因条件影响高或非高创新绩效的必要性均未超过 0.9，不构成必要条件。这意味着各个单项前因条件对创新绩效的解释力较弱，因此，下文将这些前因条件纳入 FsQCA，进一步探索产生高、非高创新绩效的组态。

表 5 – 30　　　　　　　　　　　　　必要性检验

条件变量		结果变量	
		高创新绩效	非高创新绩效
企业家背景	*age*	0.677	0.478
	~ age	0.788	0.603
	gender	0.806	0.636
	~ gender	0.516	0.420
	turner	0.620	0.473
	~ turner	0.805	0.601
	education	0.863	0.363
	~ education	0.632	0.723
	returnee	0.545	0.103
	~ returnee	0.777	0.853
财税政策	*sub*	0.597	0.115
	~ sub	0.757	0.747
	tax	0.680	0.121
	~ tax	0.717	0.848

注：~表示"非"，表中数值为一致性（consistency）统计指标。

5.3.4.6　组态分析

参考菲斯（Fiss，2011）建议，将一致性阈值设定为0.8，同时，参考杜运周等（2017）的建议，将PRI一致性的阈值设定为0.70，案例阈值设定1。接下来采用真值表算法进行模糊定性比较分析可以得到三类解：复杂解、简约解和中间解。参考杜运周等（2017）的建议，根据简约解和中间解来区分组态的核心条件和边缘条件：若一个前因条件同时出现于简约解和中间解，则为核心条件，它是对结果产生重要影响的条件；若此条件仅出现在中间解，则将其记为边缘条件，它是起辅助贡献的条件。参考拉金（Ragin，2008）的表述，用●表示条件变量出现，用⊗表示条件变量不出现。其中，大圈表示核心条件，小圈表示边缘条件。空格表示条件变量无关紧要。

经过反事实分析，假设每个条件变量出现都可能导致高创新绩效，得到产生高创新绩效的组态（路径）2 条（见表 5 – 31），且第 1 组态有 3 个子组态。解的一致性指标为 0.982，说明 2 个组态是高创新绩效的充分条件。模型解的覆盖为 0.486，说明 2 个组态解释了约 50% 的高创新绩效的原因。同时，假设每个条件变量缺失都可能导致非高创新绩效，得出产生非高创新绩效的组态（路径）有 6 条，覆盖绝大部分案例的 6 个组态不仅构成了非高创新绩效的充分条件，而且解释了约 90% 的非高创新绩效原因。

表 5 – 31　　　　　　　　　高与非高创新绩效的组态

条件变量	高创新绩效的组态				非高创新绩效的组态					
	H1			H2	NH1	NH2	NH3	NH4	NH5	NH6
	H1a	H1b	H1c							
age		•								⊗
gender	•			●					⊗	⊗
turner			•				⊗	⊗		
education		•		•		⊗		⊗		⊗
returnee	●	●	●	●	⊗	⊗	⊗			⊗
sub	•			●	⊗	⊗	⊗	⊗	⊗	
tax	●	●	●		⊗			⊗	⊗	⊗
一致性	0.999	0.999	0.994	0.984	0.965	0.962	0.982	0.969	0.982	0.965
覆盖度	0.363	0.362	0.345	0.347	0.875	0.152	0.174	0.088	0.177	0.129
唯一覆盖度	0.007	0.018	0.034	0.022	0.48	0.09	0.05	0.005	0.004	0.003
解的一致性	0.982				0.964					
解的覆盖度	0.486				0.906					

注：空白表示该变量可有可无。

为了更好地比较不同组态的差异，本书归纳出以下 2 种产生高创新绩效的组态（路径）：海外留学经历—税收优惠主导型与性别—海外留学经历—

财政补贴主导型。同时，归纳出 6 种抑制企业创新的组态（路径）。现阐述如下：

（1）高创新绩效的组态（路径）。①海外留学经历—税收优惠主导型（H1）。该组态解的核心条件是企业家的海外留学经历和税收优惠，共包括 3 个子路径。子路径 1 是企业家性别、海外留学经历与政府补贴、税收优惠；子路径 2 是企业家年龄、学历、海外留学经历与税收优惠；子路径 3 是企业家的任职年限、海外留学经历与税收优惠。路径 1 表明，当企业具备企业家拥有海外留学经历和企业享受到税收政策优惠政策两个核心条件时，如果企业同时享受政府补贴、企业家为男性或者企业家年龄较大、学历较高或者企业家任职年限较长，此时企业均可以实现高创新绩效。具体来说，税收优惠改善了企业外部的成本约束，但只有海外留学经历的企业家才能进行精准识别，再加上企业家所具有的性别、年龄学历、任职年限等背景特征，企业才能很好地利用该政策，从而提升企业的创新绩效。第 1 条路径说明，在激励企业创新时，税收优惠和企业家的海外留学经历之间具有协同增强效应。②企业家性别—海外留学经历—政府补贴主导型（H2）。该组态的核心条件是企业家性别、海外留学经历与政府补贴，边缘条件是学历。该路径表明，只要对具有海外留学经历的男性企业家所在的企业进行政府补贴，企业创新绩效会比较高。具体来说，当企业享受政府补贴政策时，其企业研发投入成本会降低，但并非对所有企业均产生激励作用。此时，具有海外留学经历的男性企业家由于创新知识储备充足，对创新机会的把握更准确，再加上其对市场需求的了解更加深入。于是，政府补贴才具有显著的创新激励效应。第 2 条路径说明了政府补贴与企业家海外留学经历之间的协同增强效应。通过对比激发企业创新的 2 个组态发现，根据覆盖度指标，H1 的三条子路径的覆盖度之和是 H2 的近 3 倍，它们解释了结果变量的 75% 以上，更可能有效地激发企业创新，即大部分企业是通过 H1 路径取得高创新绩效的，这充分说明了税收优惠和企业家的海外留学经历是企业创新的关键因素，其作用甚至超过了政府补贴等财税政策。在这 7 个变量中，税收优惠、政府补贴和企业家的海外留学经历对于企业能否实现高创新绩效最为重要。两条路径表明，只有财税政策与企业家背景特征相互配合才能真正促使企业创新，单纯依靠财税政策或者企业家背景均无法产生较高的创新绩效。

（2）非高创新绩效的组态（路径）。非高创新绩效的路径共有 6 条。包括政府补贴缺失—税收优惠缺失主导型、海外留学经历缺失—政府补贴缺失主导型、任职年限较短—政府补贴缺失主导型、学历较低—政府补贴缺失—税收优惠缺失主导型、女性企业家—政府补贴缺失主导型、企业家年龄较小—海外留学经历缺失—税收优惠缺失主导型等 6 种类型。这 6 种类型中的变量组合均意味着企业难以取得高创新绩效。

通过对比影响企业创新绩效的 8 个组态发现，影响企业创新绩效的原因具有典型的非对称性，即促进企业创新的原因并不是抑制企业创新的对立面。因此，不能简单地将企业高创新和低创新原因归结为"非此即彼"的关系。

5.3.4.7　稳健性检验

为保证 FsQCA 分析结果可靠，采用以下两种方式进行稳健性检验：①考虑滞后效应。考虑到企业家背景和财税政策对企业创新影响的滞后性，将条件变量来源数据设定为 2014 年，企业创新绩效的数据仍为 2015 年，重新进行 FsQCA 分析。②替换被解释变量。考虑到企业家背景和财税政策对企业创新的作用结果并不仅限于新产品销售收入，将企业申请专利数量作为创新绩效的代理变量重新进行 FsQCA 分析。两种稳健性检验结果如表 5 – 32 和表 5 –33 所示。

表 5 –32　　　　　　　　　稳健性检验 I：滞后效应检验

条件变量	高创新绩效的组态				非高创新绩效的组态				
	H1			H2	NH1	NH2	NH3	NH4	NH5
	H1a	H1b	H1c						
age		●							⊗
gender	●			●				⊗	⊗

续表

条件变量	高创新绩效的组态				非高创新绩效的组态				
	H1			H2	NH1	NH2	NH3	NH4	NH5
	H1a	H1b	H1c						
turner			●				⊗		
education		●		●		⊗			⊗
returnee	●	●	●	●	⊗	⊗	⊗		⊗
sub	•			●	⊗	⊗	⊗	⊗	
tax	●	●	●		⊗			⊗	⊗
一致性	0.968	0.981	0.967	0.986	0.999	0.951	0.962	0.956	0.963
覆盖度	0.374	0.664	0.531	0.189	0.363	0.343	0.339	0.367	0.329
唯一覆盖度	0.034	0.061	0.042	0.056	0.07	0.01	0.014	0.037	0.027
解的一致性	0.969				0.994				
解的覆盖度	0.827				0.51				

注：空白表示该变量可有可无。

表 5-33　　　　　　　　稳健性检验 II：被解释变量替换

条件变量	高创新绩效的组态			非高创新绩效的组态					
	H1		H2	NH1	NH2	NH3	NH4	NH5	NH6
	H1a	H1b							
age		●							⊗
gender	•		●					⊗	⊗
turner						⊗	⊗		
education		●	•		⊗		⊗		⊗
returnee	●	●	●	⊗	⊗	⊗			⊗
sub	•		●	⊗	⊗	⊗	⊗	⊗	
tax	●	●		⊗			⊗	⊗	⊗
一致性	0.964	0.974	0.983	0.906	0.696	0.742	0.905	0.939	0.746
覆盖度	0.874	0.244	0.38	0.324	0.335	0.309	0.294	0.302	0.307

条件变量	高创新绩效的组态			非高创新绩效的组态					
	H1		H2	NH1	NH2	NH3	NH4	NH5	NH6
	H1a	H1b							
唯一覆盖度	0.392	0.078	0.074	0.097	0.011	0.083	0.038	0.125	0.024
解的一致性	0.964			0.884					
解的覆盖度	0.89			0.459					

注：空白表示该变量可有可无。

从表 5 - 32 可以看出，即使考虑到企业家背景和财税政策影响企业创新的滞后效应，企业取得高创新绩效的组态仍然为海外留学经历—税收优惠主导型和性别—海外留学经历—财政补贴主导型两类；非高创新绩效的组态尽管减少为 5 条，但缺少的这 1 条路径在前文分析中原本的覆盖度就比较低（0.088）。因此，考虑滞后效应时，FsQCA 分析结果大体保持一致。表 5 - 33 的结果也基本与前文一致，仅是企业取得高创新绩效的第一条路径的子路径减少为 2 条。可见，FsQCA 分析的组态结果总体是可靠的。

经过以上检验，可以发现企业家性别、海外留学经历与政府补贴的协调联动可以促进创新绩效，即前文理论假设 H11 是成立的。

5.3.5 分析师关注的调节作用检验

5.3.5.1 模型设定与变量说明

本部分按照企业是否受到分析师关注（ac）对样本进行分组，以此检验分析师关注的调节作用是否存在。分析师关注采用企业当年是否被五大最具影响力券商分析师关注（《新财富》杂志评选出）进行衡量。如果企业受到分析师关注，则 $ac = 1$，否则，$ac = 0$。模型具体设定如下：

$$IP_{it} = \beta_0 + \beta_1 sub_{it} + Control_{it} + \varepsilon_{it} \qquad (5-11)$$

其中，*IP* 表示创新绩效，采用专利申请数量（百件）表示。政府补贴采用企业得到的政府补贴额（百亿元）；控制变量包括人力资本、企业年龄、企业规模、国有是否参股、外商持股比例、风险投资是否参与等 6 个。各变量的具体含义如表 5 - 34 所示。

表 5 - 34 　　　　　　　　　　　　　变量说明

变量类型	变量名称	符号表示	单位	变量定义
被解释变量	创新绩效	*IP*	百件	专利申请数量
解释变量	政府补贴	*sub*	百亿元	政府补贴额
控制变量	人力资本	*hc*	千人	技术员工人数
	企业年龄	*age*	年	企业成立时间
	企业规模	*size*	十亿元	总资产
	国有是否持股	*nation*	虚拟变量	国有持股为 1，否则为 0
	外商持股比例	*fis*	%	外商持有股份比例
	风险投资参与	*vc*	虚拟变量	风险投资参与为 1，否则为 0

5.3.5.2　数据来源

基于微观企业数据的可得性和时效性。本部分所采用数据基于中国 A 股上市公司数据库处理后所得。具体来说，首先股剔除了 ST 异常公司、财务数据不完整的公司；其次，利用新兴综指筛选出战略性新兴企业公司。样本选取的具体过程在样本区间为 2010 ~ 2019 年。

5.3.5.3　描述性统计

表 5 - 35 报告了全样本、受到分析师关注样本和未受到分析师关注样本的各变量均值情况。从中可以看出，受到分析师关注企业的政府补贴均值和创新绩效均值分别为 0.0067 和 0.5057，未收到分析师关注企业的政府补贴均值和创新绩效均值分别为 0.0059 和 0.3165。与未收到分析师关注企业相比，

政府补贴平均增加了 13.6% , 而创新绩效平均增加了 59.8% , 这初步说明分析师关注促进了政府补贴创新激励效用的有效发挥。当然, 更为准确的结果还需后续实证检验。

表 5 – 35   描述性统计结果

变量	均值		
	全样本 ($N=6427$)	$ac=1$ ($N=4285$)	$ac=0$ ($N=2142$)
IP	0.3771	0.5057	0.3165
sub	0.0062	0.0067	0.0059
hc	0.7345	1.0466	0.5873
age	16.7720	16.2083	17.0378
$size$	9.5016	17.0677	5.9348
$nation$	0.1940	0.1953	0.1933
fis	1.8520	1.8833	1.8373
vc	0.0716	0.0684	0.0731

5.3.5.4　分组回归检验

下面按照企业是否受到分析师关注对样本进行分组, 采用模型 (5 – 12) 分别进行回归, 通过比较政府补贴系数的显著性和大小进行检验, 结果如表 5 – 36 所示。

表 5 – 36   分组回归检验结果

项目	$ac=0$		$ac=1$	
	(1)	(2)	(3)	(4)
sub	18.0597 *** (26.55)	12.8908 *** (17.90)	20.4446 *** (12.89)	15.0869 *** (10.77)
hc	—	0.1312 *** (7.39)	—	0.0944 *** (8.08)

续表

项目	ac = 0		ac = 1	
	(1)	(2)	(3)	(4)
age	—	− 0.0077 ** (− 2.07)	—	− 0.0158 ** (− 2.30)
size	—	0.0090 *** (6.30)	—	0.0053 *** (12.95)
nation	—	0.0104 (0.22)	—	0.2249 *** (2.58)
fis	—	− 0.0003 (− 0.17)	—	− 0.0007 (− 0.17)
vc	—	0.0026 (0.04)	—	− 0.0408 (− 0.30)
常数项	− 63.272 ** (− 2.37)	− 45.6183 * (− 1.75)	− 99.6072 * (− 1.89)	− 54.9088 (− 1.20)
个体	控制	控制	控制	控制
时间	控制	控制	控制	控制
行业	控制	控制	控制	控制
F 值	357.50 ***	137.24 ***	85.21 ***	127.8 ***
R^2	0.1275	0.1834	0.068	0.3077
样本数	2142	4285	4285	2142

注：括号内为 T 值；*、**、*** 分别表示该系统通过 1%、5%、10% 水平的显著性检验。

表 5 - 36 报告了分组回归结果。当仅考虑政府补贴影响时，受到分析师关注企业样本中，政府补贴的影响系数为 20.4446，且通过了 1% 水平的显著性检验；未受到分析师关注企业样本中，政府补贴的影响系数尽管通过了 1% 水平的显著性检验，但系数下降为 18.0597。当添加控制变量重新回归后，在两个样本中，政府补贴的影响系数尽管都为正值且通过了 1% 水平的显著性检验，但受到分析师关注企业样本中，政府补贴的影响系数为

15.0869，未受到分析师关注企业样本中，政府补贴的影响系数仅为12.8908。以上检验结果表明，分析师关注在政府补贴影响战略性新兴产业创新绩效中具有显著的正向调节作用，即理论假设 H12 得证。

5.4　政府补贴对战略性新兴产业环境绩效的影响

5.4.1　模型设定与变量说明

将政府补贴视为一项准自然实验，设定 du 和 dt 两个虚拟变量。$du = 1$ 表示在样本期内企业接受过政府补贴，$du = 0$ 表示在样本期内企业从未接受过政府补贴；$dt = 1$ 表示企业接受政府补贴后的年份，$dt = 0$ 表示企业接受政府补贴前的年份。对理论假设 H12 检验的模型设定如下：

$$EP_{it} = \beta_0 + \beta_1 du + \beta_2 dudt + Control + \varepsilon_{it} \qquad (5-12)$$

其中，EP 表示环境绩效，采用和讯网测算的上市公司社会责任指数中的环境责任指数来衡量；$Control$ 表示控制变量，包括企业规模、企业年龄、资产负债率、研发强度、人力资本。

以模型（5-12）为基础，加入交互项以检验环境规制的调节作用，模型设定如下：

$$EP_{it} = \beta_0 + \beta_1 du + \beta_2 dudt + \beta_3 dudt \times enr + Control + \varepsilon_{it} \qquad (5-13)$$

其中，enr 表示环境规制，β_3 为重点关注系数。如果 β_3 为正值且通过显著性检验，则表明环境规制具有正向调节作用；如果 β_3 为负值且通过显著性检验，则表明环境规制具有负向调节作用；如果 β_3 未通过显著性检验，则表明环境规制不具有调节作用。各变量的具体说明如表 5-37 所示。

表 5 – 37   变量说明

变量类别	变量符号	变量名称与变量计算
被解释变量	EP	环境绩效：和讯网测算的环境责任指数
解释变量	$dudt$	政府补贴：虚拟变量
调节变量	enr	环境规制：企业所在省份环保行政处罚案件数对数值
控制变量	$size$	企业规模：取总资产的自然对数
	age	企业年龄：当期时间减去注册日期
	lev	资产负债率：企业负债总额占企业资产总额的百分比
	ri	研发强度：研发费用占企业营业总收入比重
	ci	人力资本：企业中所拥有的大专及以上学历的劳动力人数占比

5.4.2 数据来源

本部分所采用的政府补贴、企业规模、企业年龄、资产负债率、研发强度、人力资本的原始数据基于中国 A 股上市公司数据库经过筛选匹配后所得；环境绩效来自和讯网测算的上市公司社会责任指数中的环境责任指数。样本期间为 2010～2019 年。

5.4.3 整体检验

表 5 – 38 报告了整体检验结果。第（1）列仅考虑政府补贴的影响且对时间、行业和个体未加以控制；第（2）列则在第（1）列基础上对时间、行业和个体进行了控制；第（3）列在第（2）列基础上加入了控制变量。从中可以看出，政府补贴虚拟变量 $dudt$ 系数始终为正值，且均通过了 1% 水平的显著性检验（$dudt$ 系数分别为 1.8402、1.4707 和 0.5772），这表明政府补贴可以有效改善战略性新兴产业环境绩效，即理论假设 H13 得证。

表 5 – 38   整体检验结果

项目	(1)	(2)	(3)
du	0.6789 *** (4.89)	0.8749 *** (6.54)	0.5221 *** (3.90)
dudt	1.8402 *** (13.63)	1.4707 *** (10.86)	0.5772 *** (4.11)
size	—	—	1.3293 *** (21.51)
age	—	—	0.0174 (1.44)
lev	—	—	− 0.9667 *** (− 2.61)
ri	—	—	0.2027 (0.21)
ci	—	—	0.4357 (1.47)
常数项	0.7526 *** (5.94)	1045.376 *** (22.57)	1365.819 *** (26.28)
时间	未控制	控制	控制
行业	未控制	控制	控制
个体	未控制	控制	控制
F 值	100.86 ***	147.43 ***	134.67 ***
R^2	0.0304	0.1030	0.1735
样本数	6427	6427	6427

注：括号内为 T 值；*** 、** 、* 分别表示该系数通过 1% 、5% 、10% 水平的显著性检验。

5.4.4　调节作用检验

表 5 – 39 第（1）列报告了环境规制调节作用的检验结果。从中可以看

出，$dudt \times enr$ 的系数为 0.2582，且通过了 1% 水平的显著性检验，表明环境规制起到了正向调节作用。此外，本书还将企业按照其所在省份环境规制指数按从高到低的顺序进行排序，将排名低于 25% 的企业定义为中低环境规制样本，高于 25% 的定义为高环境规制组，重新分组中进行回归。从第（2）列和第（3）列回归结果来看，高环境规制组中，$dudt$ 的系数显著为正，而中低环境规制组中，$dudt$ 的系数未通过显著性检验。可见，在政府补贴影响战略性新兴产业环境绩效过程中，环境规制确实具有正向调节作用，即理论假设 H14 是成立的。

表 5 - 39 调节作用检验结果

项目	分组检验		加入交互项
	中低环境规制样本	高环境规制样本	
du	-0.2641 (-0.72)	0.3979 *** (2.95)	0.5195 *** (3.89)
$dudt$	0.5945 (1.61)	0.5579 *** (3.94)	0.5191 ** (3.91)
$dudt \times enr$	—	—	0.2582 ** (1.98)
$size$	1.383 *** (7.45)	1.2568 *** (20.07)	1.3331 *** (21.57)
age	-0.0431 (-1.22)	0.0118 (0.98)	0.0181 (1.50)
lev	-2.4119 ** (-2.24)	-0.8646 ** (-2.31)	-0.9824 *** (-2.66)
ri	4.1286 (0.97)	0.8683 (0.79)	0.2087 (0.21)
ci	1.8219 ** (2.11)	0.3091 (1.04)	0.4389 (1.49)

续表

项目	分组检验		加入交互项
	中低环境规制样本	高环境规制样本	
常数项	1309. 617 *** (8. 62)	1284. 636 *** (24. 44)	1368. 261 *** (26. 32)
时间	控制	控制	控制
行业	控制	控制	控制
个体	控制	控制	控制
F 值	16. 8 ***	128. 13 ***	134. 99 ***
R²	0. 1442	0. 1636	0. 1738
样本数	3997	2430	6427

注：括号内为 T 值；***、**、*分别表示该系数通过 1%、5%、10% 水平的显著性检验。

5.5 政府补贴对战略性新兴产业出口绩效的影响

5.5.1 模型设定与变量说明

与前文类似，将政府补贴视为一项准自然实验，设定 du 和 dt 两个虚拟变量。$du=1$ 表示在样本期内企业接受过政府补贴，$du=0$ 表示在样本期内企业从未接受过政府补贴；$dt=1$ 表示企业接受政府补贴后的年份，$dt=0$ 表示企业接受政府补贴前的年份。对理论假设 H15 检验的模型设定如下：

$$EXP_{it} = \beta_0 + \beta_1 dudt + Control + \varepsilon_{it} \qquad (5-14)$$

其中，EXP 表示出口绩效，采用企业出口额除以总产值来衡量；$Control$ 表示控制变量，包括企业规模、企业年龄、资产负债率、研发强度、人力资本、对外直接投资和税收减免。

以模型（5-12）为基础，加入交互项以检验企业家海外留学经历的调节作用，模型设定如下：

$$EP_{it} = \beta_0 + \beta_1 dudt + \beta_2 dudt \times oversea_{it} + Control + \varepsilon_{it} \qquad (5-15)$$

其中，$oversea$ 表示企业家海外留学经历，如果企业家具有海外留学经历则 $oversea=1$，否则 $oversea=0$；β_3 为重点关注系数。如果 β_3 为正值且通过显著性检验，则表明企业家海外留学经历具有正向调节作用；如果 β_3 为负值且通过显著性检验，则表明企业家海外留学经历具有负向调节作用；如果 β_3 未通过显著性检验，则表明企业家海外留学经历不具有调节作用。各变量的具体说明如表 5-40 所示。

表 5-40　　　　　　　　　　　　　变量说明

变量类别	变量符号	变量名称与变量计算
被解释变量	EXP	出口绩效：出口收入除以总收入
解释变量	dudt	政府补贴：虚拟变量
调节变量	oversea	企业家海外留学经历：虚拟变量
控制变量	size	企业规模：取总资产的自然对数
	age	企业年龄：当期时间减去注册日期
	lev	资产负债率：企业负债总额占企业资产总额的百分比
	ri	研发强度：研发费用占企业营业总收入比重
	ci	人力资本：企业中所拥有的本科及以上文凭的劳动力人数占比
	fdi	对外直接投资：有对外直接投资行为为1，否则为0
	tax	税收减免：税收减免额/（税收减免额＋实缴税收总额）
	state	产权性质：国有控股企业为1，其他为0

5.5.2　数据来源

目前，完整收录企业家海外留学经历的数据库较少。基于数据可得性和时效性，选用 2007～2015 年中关村科技园企业统计数据进行检验，并按照以下原则甄选样本：①剔除营业收入小于新产品销售收入等数据异常企业；②剔除新产品销售收入、税收减免额、补贴收入等关键数据缺失的企业；③剔除处于停业、筹建、撤销等非营业状态的企业。经过筛选共计 9821 家企业，58350 个观测值。

5.5.3 整体检验

表 5-41 报告了整体检验结果。第（1）列仅考虑政府补贴的影响且对时间、行业和个体未加以控制；第（2）列则在第（1）列基础上对时间、行业和个体进行了控制；第（3）列在第（2）基础上加入了控制变量。从中可以看出，政府补贴虚拟变量 $dudt$ 系数始终为正值，且均通过了 1% 水平的显著性检验（$dudt$ 系数分别为 0.0089、0.0033 和 0.0092），这表明政府补贴可以有效改善战略性新兴产业出口绩效，即理论假设 H15 得证。

表 5-41   整体检验结果

项目	（1）	（2）	（3）
$dudt$	0.0089 *** (2.68)	0.0033 *** (2.97)	0.0092 ** (4.65)
$size$	0.0006 *** (2.90)	0.0012 *** (13.69)	0.0012 ** (15.51)
age	0.0008 *** (4.53)	0.0003 *** (3.76)	0.0002 ** (2.06)
lev	− 0.0052 (− 1.47)	− 0.0028 * (− 1.78)	− 0.0026 * (− 1.88)
ri	0.0051 (0.75)	0.0023 (0.77)	0.002 (0.75)
ci	0.0036 (0.76)	0.00004 (0.02)	0.0006 (0.33)
fdi	0.3286 (0.03)	0.755 *** (13.77)	0.6911 *** (13.46)

续表

项目	(1)	(2)	(3)
tax	0.0126 ** (1.98)	0.1217 *** (4.97)	0.2791 *** (6.09)
state	− 0.0126 *** (− 2.65)	− 0.0098 (− 1.39)	− 0.0038 ** (− 1.99)
常数项	− 0.001 *** (3.33)	− 0.0098 *** (− 7.18)	− 0.0112 *** (− 9.31)
时间	控制	控制	控制
行业	未控制	控制	控制
个体	未控制	未控制	控制
F 值	3280.15	3427.56 ***	4502.32
R^2	0.7327	0.8040	0.8436
样本数	58350	58350	58350

注：括号内为 T 值；*** 、** 、* 分别表示该系数通过 1%、5%、10% 水平的显著性检验。

5.5.4　企业家海外留学经历的调节作用检验

表 5 – 42 报告了企业家留学经历的调节作用回归结果。其中，第（1）列为基于模型（5 – 15）的回归结果，第（2）列和第（3）列为按企业家是否具有海外留学经历进行划分的分组回归结果。从第（1）列可以看出，政府补贴（*dudt*）的系数为 0.0036，且通过了 1% 水平的显著性检验，企业家海外留学经历（*dudt* × *oversea*）的系数 0.0012，且通过了 1% 水平的显著性检验，两者系数符号保持一致，说明企业家海外留学经历具有显著的正向调节作用。分组回归结果显示，企业家具有海外留学经历样本中，政府补贴的影响系数为 0.0041，且通过了 1% 水平的显著性检验，而企业家不具有海外留学经历的样本中，政府补贴的影响系数为 0.0033，且未通过显著性检验。

表 5 – 42 　　　　　　　　　调节作用检验结果

项目	加入交互项	分组检验	
		$oversea = 0$	$oversea = 1$
$dudt$	0.0036 *** (3.21)	0.0033 (1.62)	0.0041 *** (3.19)
$dudt \times oversea$	0.0012 *** (3.35)	—	—
$size$	0.0012 *** (13.71)	0.0011 *** (3.54)	0.0012 *** (13.22)
age	− 0.0003 *** (− 3.78)	− 0.00002 *** (3.54)	− 0.0003 *** (− 3.93)
lev	− 0.0028 * (− 1.76)	− 0.0080 *** (3.41)	− 0.0024 *** (− 3.49)
ri	0.0024 (0.79)	0.0062 (0.64)	0.0021 (0.67)
ci	0.00004 (0.02)	0.0076 (1.08)	0.0005 (0.24)
fdi	0.7552 *** (13.78)	0.7871 *** (44.80)	0.7522 *** (12.97)
tax	0.1216 *** (49.47)	0.1106 *** (12.54)	0.1225 *** (47.75)
$state$	− 0.0029 (− 1.39)	− 0.0026 *** (3.20)	− 0.0029 (− 1.35)
常数项	− 0.0098 *** (− 7.19)	− 0.0072 *** (− 3.46)	− 0.0099 *** (− 6.95)
时间	控制	控制	控制
行业	控制	控制	控制
个体	控制	控制	控制
F 值	3427.56 ***	3536.85 ***	383.87 ***

续表

项目	加入交互项	分组检验	
		oversea = 0	*oversea* = 1
R^2	0.8042	0.8593	0.799
样本数	58350	53764	4586

注：括号内为 T 值；*** 、** 、* 分别表示该系数通过 1%、5%、10% 水平的显著性检验。

以上检验结果表明，企业家海外留学经历在政府补贴影响战略性新兴产业出口绩效过程中具有显著的正向调节作用，即理论假设 H16 得证。

5.6 本章小结

本章基于宏观和微观两个层面数据，综合运用固定效应模型、DID、工具变量法、GMM 等方法对政府补贴与战略性新兴产业绩效进行了仿真模拟和实证检验。

第一，宏观和微观两个层面数据检验结果显示，政府补贴对全要素生产率均具有显著影响，影响系数分别达到 0.0014 和 0.0263；政府补贴与知识产权保护、要素市场扭曲和风险投资的交互项系数分别为 0.0052、- 0.0727 和 0.0622，且均通过了 1% 水平的显著性检验，即知识产权保护、要素市场扭曲和风险投资的调节作用是成立的。第二，基于战略性新兴产业上市公司数据回归结果显示，政府补贴对经济绩效的影响系数显著为正（0.0014），政府补贴与企业内部控制、高管持股的交互项系数均显著为正。第三，基于博弈论理论进行数值模拟检验结果显示，政府补贴对创新绩效的影响具有不确定性；门槛效应模型检验结果显示，政府补贴的创新激励效应具有制度环境、补贴力度、民营经济发展程度的门槛效应，即制度环境、补贴力度、民营经济发展程度的调节作用是成立的；FsQCA 方法检验结果显示，企业家性别、海外留学经历与政府补贴的协调联动可以促进创新绩效；分组检验结果显示，与未受到分析师关注企业相比，受到分析师关注样本中，政府补贴对创新绩效的影响系数更大。第四，基于 DID 方法回归结果显示，政府补贴对环境绩效的影响系数为 0.5772，且通过了显著性检验；分组回归和交互项回归模型均显示，环境规制正向调节政府补贴对环境绩效的影响。第五，中关村科技园企业统计数据回归结果显示，政府补贴对出口绩效的影响系数为 0.0092，且通过了 1% 水平的显著性检验；交互项回归和分组回归结果显示，企业家海外留学经历正向调节政府补贴的出口激励效应。

第 6 章

政策建议

6.1　优化政府补贴机制

前文研究结论表明政府补贴是促进战略性新兴产业绩效提升的重要手段，但政府补贴的激励作用并非总是有效，尤其在促进创新绩效时表现得最为明显。因此，必须优化现有政府补贴机制，尽可能避免政府补贴所带来的负面影响，尽快扭转政府补贴"低效"问题，将其促进作用发挥到最大限度。基于此，针对现有战略性新兴产业政府补贴机制不完善、细则不清晰等问题，尽快出台更有效的政府补贴举措。

6.1.1　遵循市场选择和市场导向原则

在市场经济条件下，提升战略性新兴产业绩效不仅需要"无形之手"——市场力量，更需要"有形之手"——政府支持，政府支持必须实现与市场力量有效互动。市场看似无序，实则有着内在的竞争秩序，凡是通过市场能调节的，尽量减少政府干预，优胜劣汰，适者生存。当战略性新兴产业发展失衡，市场作用机制无法有效发挥作用时，补贴才是政府可以采取的一种产业政策工具。在资源有限的情况下，政府对战略性新兴产业的补贴重点应该是关键领域、关键环节和共性技术，为企业创新研发产品提供初始市场和试错机会，以弥补市场失灵，形成政府补贴和市场机制的两方合力，利用战略性新兴产业带动我国产业快速转型升级。基于竞争中性原则，政府在选择政府补贴工具时，要在全面取消世贸组织规定的禁止性补贴的基础上，进一步减少可诉补贴，出台一些支持战略性新兴产业研发等方面的不可诉补贴。在战略性新兴产业发展初期，由于其单位成本较高，与其他传统产业相比缺乏足够的竞争优势，企业进入意愿较弱且市场竞争处于无序状态，政府应当通过政府补贴引导企业进入，并引导企业进行有效整合，形成以大企业为主、中小企业为辅的发展模式，减少同质化竞争。在战略性新兴产业发展中后期，市场规律的作用已得到充分发挥，政府补贴应该逐步减少甚至取消，让其按照市场规律良性发展。

6.1.2　制定合理的补贴区间

研究结果显示，只有适合的补贴强度才有助于促进企业进行创新，而高强度的政府补贴可能会导致企业"寻租"或者商业贿赂，抑制企业创新的积极性。近年来，高强度的补贴仍然存在，比如地方政府对某些"战略性新兴产业"进行了高额度补贴，假如不考虑政府补贴收入，那么企业的业绩就会大幅下降甚至面临亏损。这其中的原因之一就是，高额度补贴会诱使企业进行"寻租"，企业为了获得补贴会发生一些非生产性支出，这样就会减少企业创新投入，从而降低了企业研发、创新等能力，使企业的竞争力不足。因此，必须把握好以政府补贴政策引导战略性新兴产业发展的度，尽快确定合理的额补贴区间，防止过度补贴导致投机和"跟风"，从而不利于产业健康发展。具体而言，对企业进行补贴之前要充分考察企业的整体状况（如财务状况、发展前景），同时考虑企业的实际需求，选择适度的补贴方式和补贴额度，确保政府补贴的规模和适当的时机，避免因过高强度的补贴导致创新质量不高、产能过剩等补贴效果不佳等问题。

6.1.3   科学筛选补贴对象

一是政府在对不同产业进行补贴时，必须站在整个战略性新兴产业链的高度，对该产业技术创新质量以及所处的阶段进行准确判断，实行有差别的补贴策略，从而引导技术向更高的层次发展。二是根据项目的先进性和创新性进行准确判断，确保筛选出的项目具有前瞻性和引领性，对其给予足够的资金扶持。三是政府在选择补贴企业并实施补贴时，要重点关注企业的研发投入和技术创新水平等前期创新基础，避免补贴资金流入低技术含量产品的开发中去。四是根据竞争中性原则，政府补贴必须继续坚持国有企业和非国有企业一视同仁的原则，对大中小企业同等对待。政府补贴需要适当增加对民营企业自主创新的财政补贴，鼓励民营企业进入战略性新兴产业领域，开展高技术产业创新。

6.1.4   优化现有补贴方式

现阶段，我国对战略性新兴产业补贴的种类很多。比如按照补贴的形式可以划分为直接补贴和间接补贴；按照补贴的时间可以划分为事前补贴和事后补贴。由于战略性新兴产业体系庞大，不同行业、不同阶段，政府补贴的方式应该有所不同，强调补贴的针对性和有效性。因此，不仅要调整补贴的强度，还要注重形式的多样性，在实践中寻求更加有效的补贴强度和补贴方式。对于效果不好的补贴强度和补贴方式要及时摒弃，充分发挥稀缺的补贴资源的作用。一是针对战略性新兴产业不同产业的特点，选择更适合的补贴方式。对于创新难度较大，很难短期取得成效的企业和项目，政府应当更加注重事前补贴，并做好补贴资金运用的跟踪与监管。政府对战略性新兴产业的研发支持很难做到尽善尽美，有些事前得到政府补贴的企业，其创新成果可能很弱，甚至没有成果，而未获得政府补贴的企业反而发展成效显著。因此，政府可以采取"事前+事后"相结合的方式对企业进行补贴。二是在扶持企业加快成长时，可以通过财政资金"拨改投"等方式，直接或参股设立产业基金，放大政府资金引导效应。三是借鉴其他国家的成功经验，尽可能减少政府直接补贴的弊端，以更多的税收优惠政策来替代财政补贴的政策。政府应当出台更大幅度的减税降费政策，完善《固定资产加速折旧政策》《研究开发费用税前加计扣除政策》等更具有针对性的税收优惠政策，构建常态化的科技创新财税激励制度，避免税收优惠和补贴短期化影响企业投入。此外，公平的税制比优惠税制更重要，要加快税制改革市场化进程，为企业创新发展提供良好的外部环境。

6.1.5 强化补贴资金监管

鉴于信息不对称问题所导致的部分企业未真正将补贴资金运用到位，甚至违规使用补贴资金等问题，政府应当进一步明确补贴资金的用途，出台更有效更及时的监管措施。一是建立与完善基于大数据的政府补贴资金运用监管平台。进一步加大对获得补贴企业资金运用的抽查力度，对违规行为予以严惩。二是强化过程监督，建立和实施精细化监管。目前，我国对战略性新兴产业领域补贴的监管方式比较粗放，对补贴资金具体如何运用、运用成效如何缺乏有效的过程监管。一些典型的"骗补"事件的出现关键在于政府未进行严格的审查和及时出台有效的措施。因此，政府要进一步完善补贴资金的全过程监管，做到事前、事中、事后监管全覆盖，通过多源头和多途径的监督，提升政府补贴的利用效率。如对新能源汽车补贴应该从是否生产或出厂、电池是否安装、电池容量是否达标、是否存在关联交易、销售后是否闲置等关键环节进行监管。三是积极推进协同监管。在战略性新兴产业领域，中央政府和各级地方政府的补贴种类繁多，力度很大，必须打破属地化监管、单一部门监管的模式，构建多方联动的跨界监管新模式。

6.2 营造良好的制度环境

前文研究表明，良好的制度环境可以有效规范被补贴企业的行为，促进企业研发投入，进而更好地发挥政府补贴的创新激励效应。因此，必须深刻认识到营造良好制度环境的重要现实意义。

具体来说，一是继续大力放权减权，使政府对企业的监管尽可能地做到兼容并蓄，不能让政府"事事都插手"，要发挥市场经济的自主性和活跃性。政府必须加快行政审批改革，构建更加规范、有效的行政审批体系。二是稳步推进国企改革，大力支持非国有经济特别是民营企业战略性新兴产业发展。从之前的结论来看，民营经济发展程度越高，政府补贴对创新绩效的正向作用更显著。因此，在补贴中要尤为重视"坚持一律平等"。在对战略性新兴企业发放贷款、发行债券等方面尽可能为其提供便利。加快民营企业管理人才和技工人才的培养教育，推进民营经济向集约化方向发展，激发民营企业家精神，激励民营企业不断地进行创新活动，推动民营经济将创新成果快速转变为生产力。三是利用制度优势对我国金融服务的中介体系进行完善，实现由"高速度"向"高质量"发展。四是强化知识产权保护。政府应当尽快完善知识产权相关立法，降低假冒注册商标罪的刑事立案标准，加大对侵权人的经济处罚力度，制定和完善网络信息方面的产品研发，在人才、技术的股权税收和利益分配等方面建立完备的体系，保护外来投资者知识产权，营造良好的营商环境。

6.3 加快要素市场化改革

前文研究表明，要素市场发育程度是改善政府补贴效果的重要手段。近年来，尽管我国市场化进程在不断提升，但要素市场化程度仍然较低，要素市场扭曲问题有待进一步改善，尤其是在中西部地区这一问题更为突出。因此，在采取补贴政策的同时，政府必须聚焦要素市场，从而更好地发挥政府补贴的支撑作用。具体来说，一是要强化顶层设计、突出问题导向，构建系统集成、协同高效的要素市场化改革整体方案。该方案一定要明确要素市场化改革的基本原则，并按照基本原则明确工作思路，从而确保改革目标的早日达成。在方案实施中，坚持稳中求进、守住底线的原则，可以通过先试点，然后总结完善，最后全国推广的方式推进要素市场化改革顺利进行。二是要科学、灵活地进行要素配置，并有效解决要素配置中的协同性问题。对于土地要素，要在土地管理制度改革、产业用地供应方式、盘活土地存量、健全城乡统一建设用地市场等方面出台更有效的改革措施；对于劳动力要素，政府要在户籍制度深度改革、劳动力和人力流动渠道、激发人才创业活力等三个方面更加有为。对于要素市场，政府必须优化资本供给方式，增加有效金融供给，进一步完善多层次股权市场，并逐步完善金融监管和风险管理体制。

6.4 健全企业股权激励制度

适当的高管持股比例可以有效提升政府补贴效果。尽管自 20 世纪 90 年代开始，股权激励制度已在我国开始应用，但赋权激励方面仍存在行权条件门槛低、限制性股票授予价格较低、行权条件考核体系不健全、企业运用股权激励计划不合理等漏洞。因此，要想真正发挥高管持股等股权激励计划的作用，促进政府补贴作用的充分发挥，政府和企业都需要深刻认识到高管持股等股权激励的重要性，做到协同发力。首先，政府要加快完善包括非上市公司在内的股权激励制度，尤其是优化股权激励的政府补贴和税收优惠政策。目前，包括高管、核心技术员工在内的股权激励对象，由于较重的个税负担、税率的叠加效应，行权成本较大，参与股权激励积极性不高。因此，建议调整股权激励对象纳税时间为股权实际转让时间，按照"财产转让所得"适用的 20% 税率征收股权激励对象个人所得税。其次，企业要积极合理地运用高管持股激励计划。高管持股作为股权激励的重要内容，在企业的应用中存在着激励方案不合理、方式单一、针对性不强等突出问题。企业必须立足企业自身情况和外部环境的变化，为高管等人员提供合理的股票认购价格，尽最大限度抑制高管的工作不积极甚至套现等损害公司利益行为，设计出更适合企业自身的股权激励方案，真正达到高管持股的激励效果。为使股权激励对象真正为企业长远考虑，两者真正实现利益"捆绑"，股权激励对象必须做到精准。参与企业决策和经营，对企业贡献较大的高层、中层管理人员级以及企业技术骨干必须纳入股权激励对象范围，并根据实际情况动态调整激励对象范围。

6.5 发挥分析师关注的治理作用

鉴于分析师关注在政府补贴影响战略性新兴产业创新绩效中具有显著的正向调节作用，进一步加强对经营机构和证券分析师自律管理，提升行业研究服务水平和质量势在必行。一是把好分析师"入口关"。尽快修订《证券法》《证券业从业人员资格管理办法》《发布证券研究报告业务》，细化选拔标准，适当提高证券分析师的准入门槛。二是做好分析师人才培养工作。进一步优化分析师队伍结构，加强分析师的业务培训和技能培训。三是不断完善《证券分析师执业行为准则》等与分析师作用发挥相关的规则，通过强化刚性约束，提高分析师执业水平。四是严格管控分析师研究报告质量，规范研究报告披露行为。分析师研究报告的论据必须充分、方法专业谨慎，向市场提供的信息真实可靠。经营机构对研究报告质量审核标准必须明确，流程安排合理。五是加强分析师职业道德建设。规范分析师外部评选行为，引导分析正确对地媒体评奖结果，强化分析师独立性，自觉维护行业形象和分析师的声誉。

6.6　提升企业家的国际化能力

通过政府补贴促进战略性新兴产业出口，关键在于企业家的国际化能力是否得到最大限度的激发。研究结果表明，企业家的海外留学经历与政府补贴协同可以有效提升战略性新兴产业出口绩效。因此，政府必须重视企业家国际化能力的培养，尤其是做好海归人才回流工作。第一，创建更有利的国内环境，建立人才回流长效机制。由于国内与国外在创业环境方面存在一定的差异，政府应当逐步与国际接轨，并从完善留学人员集聚机制、培养机制评价机制和服务保障机制、优化留学人员创新创业综合生态体系、提升服务能力、支持企业落地发展、拓宽融资渠道等方面吸引海归人才回国创业。第二，进一步加强创新创业高层次人才跨国交流。对于缺乏海外留学背景、国际化能力较弱的企业家来说，他们应该设法通过其他途径弥补这些不足或者加强这方面能力的培养。例如，缺乏海外留学经历的企业家可以通过出国交流、访问等方式增强自身对新技术、新的商业模式的接触机会和理解能力。

6.7　强化风险投资的催化作用

基于风险投资在政府补贴效应中的正向调节作用，在继续加大政府补贴的同时，企业需要考虑引入市场化手段，通过风险投资的引导和监督作用，提升政府补贴资金利用效果。一是专门针对战略性新兴产业，根据其发展阶段和发展重点，建立和完善风险投资引导资金，充分放大政府资金的杠杆作用。二是加强风险投资市场的行业管理，培育和促进风险投资市场规范发展。政府要逐步完善风险投资市场管理相关政策，制定更加严格的监管措施，对风险投资类企业实施常态化检测，并根据监测情况对风险投资类企业进行评估。三是强化风险投资市场的扶持政策。尽快出台细则，分类型根据受委托投资管理企业的业绩表现，给予相应的奖励。四是搭建良好的外部环境。相关部门要进一步优化服务，鼓励境外机构在我国设立风险投资类企业，拓宽风险投资来源，对风险投资类企业员工在人才落户等方面提供更加优惠的待遇。

6.8　加大环境规制力度

通过政府补贴提升战略性新兴产业环境绩效，必须辅以环境规制作用的有效发挥。一是加快环境规制手段创新，完善环境规制政策。坚决贯彻落实相关环保政策，强化企业环境责任，高效运用环境规制工具。通过深度拓宽排污权交易主体范围，深度推进排污权、用能权等试点工作，推动战略性新兴产业绿色发展，提升其环境绩效。二是综合运用财政补贴与环境规制两种行政手段，既要加大对环境绩效显著企业的补贴力度，又要健全执法监管机制，加大环境问责力度，加大对环境污染企业的处罚力度，从而实现两种政策协同效应的最大化。三是切实发挥社会公众的监督作用，充分保证企业、社会组织和公众的各项权利，进一步调动公众参与的积极性，从而实现政府、市场与公众主体之间的有效互动，推动战略性新兴产业真正实现绿色发展。

第 7 章
结论与展望

7.1 主要结论

本书以中国战略性新兴产业作为研究对象，综合运用政府干预、信息不对称、委托代理、寻租等理论知识，首先，对 2010 年以来中国各级政府对战略性新兴产业补贴政策进行全面梳理，着重考察中国战略性新兴产业政府补贴的规模、力度、方式等状况；其次，分别从全要素生产率、经济绩效、创新绩效、环境绩效、出口绩效五个层面对中国战略性新兴产业绩效进行科学评价和全面考察；最后，利用宏观和微观两个层面，运用实证分析和模拟仿真分析系统研究中国战略性新兴产业政府补贴绩效问题。本书的主要结论如下：

（1）中国战略性新兴产业政府补贴总额整体呈现上升态势，但补贴强度整体呈现下降态势。分区域来看，东部地区战略性新兴产业政府补贴总额和补贴强度整体上高于其他三个地区。分产权性质来看，政府对民营企业的补贴强度整体上要高于其对国有企业的补贴强度。

（2）中国战略性新兴产业绩效测算结果显示：①宏观层面，2010～2015年全要素生产率呈现先上升后缓慢下降趋势，但增长指数呈波动下降趋势；微观层面，2010～2019 年基于 OP 方法测算所得的全要素生产率呈先下降后缓慢上升趋势,基于 LP 方法测算所得的全要素生产率呈先降后升的变动态势。②经济新绩效呈现波动下降趋势。③多指标测算下创新绩效均呈现波动上升趋势。④环境绩效呈现剧烈的波动下降趋势。⑤采用出口交货值或出口额进行衡量出口绩效时,其呈现出显著的上升趋势;采用出口产品质量衡量出口绩效时,其呈先下降后缓慢上升趋势。

(3) 理论分析、数值模拟与实证检验显示:①政府补贴对全要素生产率均具有显著影响,影响系数分别达到 0.0014 和 0.0263;政府补贴与知识产权保护、要素市场扭曲和风险投资的交互项系数分别为 0.0052、 - 0.0727 和 0.0622,且全部通过了显著性检验,即知识产权保护、要素市场扭曲和风险投资具有显著的调节作用。②政府补贴对经济绩效的影响系数显著为正 (0.0014),政府补贴与企业内部控制、高管持股的交互项系数均为正值,且通过了显著性检验。③政府补贴对创新绩效的影响具有不确定性;政府补贴的创新激励效应具有制度环境、补贴力度、民营经济发展程度的门槛效应;企业家性别、海外留学经历与政府补贴的协调联动可以促进创新绩效;受到分析师关注的企业,政府补贴的创新激励效果更强。④政府补贴对环境绩效具有显著的正向影响,影响系数为 0.5772;环境规制正向调节政府补贴对环境绩效的影响。⑤政府补贴对出口绩效存在促进作用,影响系数为 0.0092;企业家海外留学经历正向调节政府补贴的出口激励效应。

7.2 研究展望

针对战略性新兴产业,本书系统研究了政府补贴绩效问题,尽管取得了一系列进展,但囿于时间、数据等因素,一些关键问题仍然有待深入研究。

一是战略性新兴产业绩效测算是一个具有系统性的复杂问题,本书尽管分别从全要素生产率、经济绩效、创新绩效、环境绩效、出口绩效等方面进行了实证考察,但未构建一个综合性评价指标体系。在未来,可以深度挖掘战略性新兴产业绩效内涵和外延,结合已有的数据,构建更加系统的综合指标评价体系，从而对战略性新兴产业绩效做更为全面的考察。

　　二是政府财税政策较多，政府补贴只是其中一种重要形式。实际上，在促进战略性新兴产业发展过程中，税收优惠同样是一种重要方式。本书未深入研究不同类型税收优惠、政府补贴对战略性新兴产业绩效影响的作用机制差异以及两者的联动效应，而这样的研究对于进一步优化财税政策体系，促进新时代中国战略性新兴产业高质量发展很有必要。

附　录

年份	东部	中部	西部	东北
2000	5.48	2.23	7.74	1.83
2001	5.18	2.66	5.70	3.06
2002	6.09	2.53	13.48	4.06
2003	6.40	1.94	10.52	4.02
2004	9.92	3.41	9.52	5.50
2005	13.15	4.74	12.24	3.74
2006	15.15	5.53	12.45	5.96
2007	21.65	8.57	19.04	15.77
2008	32.23	11.63	21.92	22.10
2009	33.67	9.10	12.68	11.60
2010	34.21	10.28	21.28	12.65
2011	43.60	14.14	19.35	24.43
2012	78.23	13.35	30.27	23.55
2013	70.54	19.98	32.03	24.28
2014	77.43	17.93	37.89	25.95
2015	84.32	15.87	43.76	27.61
2016	88.66	30.12	53.17	21.34
2017	98.80	32.14	53.69	14.37
2018	108.94	34.17	54.21	7.39

附表 2　　　　2000～2018 年四大区域战略性新兴产业政府补贴强度　　　单位：%

年份	东部	中部	西部	东北
2000	6.74	25.69	47.04	39.80
2001	4.28	26.23	31.77	39.70
2002	4.22	29.59	63.08	31.90
2003	3.74	15.99	39.88	31.37
2004	4.29	20.58	28.95	47.92
2005	4.39	26.67	40.62	25.22
2006	3.97	27.11	30.55	44.96
2007	4.82	33.36	36.75	83.72
2008	5.94	34.63	41.37	84.53
2009	5.40	16.73	20.59	33.70
2010	4.35	16.21	28.33	28.96
2011	4.42	14.28	23.49	35.14
2012	6.53	11.19	27.46	36.30
2013	5.19	12.54	21.96	34.34
2014	5.13	9.91	23.81	35.88
2015	4.86	7.12	21.27	50.35
2016	4.70	12.09	22.08	34.42
2017	4.34	8.75	18.32	24.16
2018	4.08	7.03	15.70	12.98

附表 3　　2010～2019 年分产权战略性新兴产业上市公司政府补贴额度与强度

年份	政府补贴额度（亿元）		政府补贴强度（%）	
	国有企业	民营企业	国有企业	民营企业
2010	53.10	37.42	0.78	1.31
2011	71.82	69.20	1.09	1.47
2012	97.41	103.76	1.15	1.69
2013	120.73	97.10	1.30	1.54

年份	政府补贴额度（亿元）		政府补贴强度（%）	
	国有企业	民营企业	国有企业	民营企业
2014	125.27	126.27	1.22	1.35
2015	175.65	163.24	1.58	1.51
2016	163.93	182.77	1.53	1.32
2017	159.39	218.24	1.42	1.40
2018	188.17	236.49	1.19	1.38
2019	224.67	250.71	1.21	1.45

附表4 2010～2019年分区域战略性新兴产业上市公司政府补贴额度与强度

年份	政府补贴额度（亿元）				政府补贴强度（%）			
	东部	中部	西部	东北	东部	中部	西部	东北
2010	50.36	11.74	20.51	4.31	0.90	1.57	1.02	1.40
2011	94.02	23.02	18.62	5.36	1.21	1.82	1.20	1.78
2012	125.44	26.00	43.16	5.56	1.44	1.73	1.52	1.56
2013	157.23	28.89	18.45	6.03	1.42	2.06	1.09	1.29
2014	175.30	30.13	35.28	6.92	1.24	1.68	1.20	1.46
2015	239.75	40.02	49.06	8.77	1.36	1.82	2.22	1.62
2016	237.98	42.94	38.67	7.67	1.26	1.70	1.86	1.45
2017	282.11	46.63	41.95	6.94	1.15	1.53	2.90	1.36
2018	317.25	52.80	48.34	7.76	1.20	1.77	1.63	1.33
2019	341.82	58.39	67.17	8.00	1.26	1.75	1.62	1.82

附表5 2001～2015年战略性新兴产业全要素生产率增长指数及其变异系数

年份	全要素生产率增长指数				全要素生产率增长指数的变异系数			
	东部	中部	西部	东北	东部	中部	西部	东北
2001	1.04	0.92	1.15	0.74	0.26	0.60	0.73	0.17
2002	1.25	2.35	0.85	1.30	0.10	0.34	0.52	0.28

年份	全要素生产率增长指数				全要素生产率增长指数的变异系数			
	东部	中部	西部	东北	东部	中部	西部	东北
2003	1.27	1.05	1.70	1.61	0.33	0.54	0.51	0.27
2004	1.24	1.95	1.59	1.39	0.22	0.63	0.85	0.58
2005	1.12	1.36	1.37	1.22	0.16	0.56	0.36	0.44
2006	1.21	1.35	1.21	0.75	0.17	0.35	0.43	0.13
2007	1.41	1.25	1.48	1.31	0.36	0.56	0.59	0.49
2008	1.27	0.98	1.07	1.09	0.28	0.32	0.39	0.24
2009	1.08	1.49	1.33	0.84	0.22	0.51	0.28	0.38
2010	1.13	1.34	0.97	1.21	0.17	0.17	0.20	0.28
2011	1.22	1.15	1.17	1.18	0.21	0.18	0.42	0.45
2012	1.14	1.24	1.40	1.41	0.06	0.37	0.58	0.25
2013	1.07	1.39	1.04	1.16	0.11	0.37	0.39	0.20
2014	1.13	1.13	0.99	1.03	0.11	0.19	0.46	0.36
2015	1.03	1.00	1.16	1.01	0.17	0.19	0.41	0.36

附表6　　各省份战略性新兴产业全要素生产率增长指数年均值

省份	全要素生产率增长指数	省份	全要素生产率增长指数
北京	1.129	山东	1.244
天津	1.052	河南	1.107
河北	1.036	湖北	1.203
山西	1.058	湖南	1.057
辽宁	1.08	广东	1.143
吉林	1.037	广西	1.043
黑龙江	1.121	重庆	1.334
上海	1.061	四川	1.058
江苏	1.333	贵州	1.116
浙江	1.212	云南	1.072

续表

省份	全要素生产率增长指数	省份	全要素生产率增长指数
安徽	1.312	陕西	1.156
福建	1.138	甘肃	0.976
江西	1.449	宁夏	0.967

附表7   2010~2019 年分产权战略性新兴产业上市公司全要素生产率

年份	全要素生产率（OP 法）		全要素生产率（LP 法）	
	国有企业	民营企业	国有企业	民营企业
2010	3.79	3.56	8.21	7.74
2011	3.73	3.51	8.25	7.70
2012	3.63	3.37	8.21	7.60
2013	3.61	3.32	8.22	7.59
2014	3.57	3.63	8.27	8.61
2015	4.39	3.51	10.49	8.33
2016	3.56	3.32	8.37	8.27
2017	3.61	3.41	8.49	8.02
2018	3.60	3.37	8.54	8.05
2019	3.61	3.35	3.61	8.09

附表8   2010~2019 年战略性新兴产业上市公司经济绩效

项目	2010 年	2011 年	2012 年	2013 年	2014 年	2015 年	2016 年	2017 年	2018 年	2019 年
托宾 Q 值	3.70	2.27	2.05	2.72	3.13	4.86	3.40	2.58	1.76	2.19
净资产收益率	0.11	0.09	0.07	0.07	0.08	0.08	0.07	0.06	-0.01	0.001

附表 9　　　　　　　2010～2018 年战略性新兴产业上市公司创新绩效

项目	2010 年	2011 年	2012 年	2013 年	2014 年	2015 年	2016 年	2017 年	2018 年
专利申请数	21361	29514	41333	44634	58367	66468	86481	97129	38539
发明专利申请数	10217	14117	18769	20995	28282	33635	45584	47634	24828
发明专利占比	0.48	0.48	0.45	0.47	0.48	0.51	0.53	0.49	0.64

附表 10　　　　　　2008～2013 年战略性新兴产业上市公司出口产品质量

年份	全样本	国有企业	民营企业	外资企业
2008	0.788	0.789	0.767	0.839
2009	0.781	0.759	0.752	0.827
2010	0.791	0.763	0.769	0.834
2011	0.7925	0.764	0.783	0.838
2012	0.794	0.765	0.797	0.842
2013	0.793	0.766	0.799	0.844

参考文献

[1] 保永文，马颖. 中国制造业技术创新与产业国际竞争力 [J]. 云南财经大学学报，2018，34（8）：14－28.

[2] 蔡栋梁，李欣玲，李天舒. 政府补贴与寻租对企业研发投入的影响 [J]. 财经科学，2018（5）：105－118.

[3] 蔡郁文. 政府补贴对民营企业技术创新的影响研究 [J]. 商业会计，2019（2）：23－27.

[4] 曹兴，黄玲雁. 基于 DEA 的湖南省高技术产业创新效率研究 [J]. 湖南工业大学学报（社会科学版），2014，19（5）：21－25.

[5] 陈刚. R&D 溢出、制度和生产率增长 [J]. 数量经济技术经济研究，2010，27（10）：64－77，115.

[6] 陈鲁夫，邵云飞. "钻石模型"视角下战略性新兴产业创新绩效影响因素的实证研究：以新一代信息产业为例 [J]. 技术经济，2017，36（2）：1－7，116.

[7] 陈钦源，马黎珺，伊志宏. 分析师跟踪与企业创新绩效：中国的逻辑 [J]. 南开管理评论，2017，20（3）：15－27.

[8] 陈文锋，刘薇. 区域战略性新兴产业发展质量评价指标体系的构建 [J]. 统计与决策，2016（2）：29－33.

[9] 陈文俊，彭有为，胡心怡. 战略性新兴产业政策是否提升了创新绩效 [J]. 科研管理，2020，41（1）：22－34.

[10] 陈孝兵. 现代货币主义没落的方法论框梏 [J]. 江海学刊, 2010 (4): 66 - 72, 238.

[11] 陈勇, 唐朱昌. 中国工业的技术选择与技术进步: 1985—2003 [J]. 经济研究, 2006 (9): 50 - 61.

[12] 邓建高, 朱兰亭, 王敏, 等. 基于结构方程模型的新兴产业创新绩效影响因素实证分析 [J]. 世界科技研究与发展, 2015, 37 (6): 722 - 728.

[13] 董明放, 韩先锋. 研发投入强度与战略性新兴产业绩效 [J]. 统计研究, 2016, 33 (1): 45 - 53.

[14] 杜传忠, 李彤, 刘英华. 风险投资促进战略性新兴产业发展的机制及效应 [J]. 经济与管理研究, 2016, 37 (10): 64 - 72.

[15] 杜轩, 干胜道. 公司资本结构、股权结构与经营绩效关系的研究: 基于中国创业板上市公司 [J]. 商业会计, 2012 (1): 73 - 75.

[16] 樊宏, 李虎. 基于 DEA 方法的广东省科技投入产出相对效率的评价 [J]. 科学学研究, 2008, 26 (S2): 339 - 343.

[17] 樊华, 周德群. 中国省域科技创新效率演化及其影响因素研究 [J]. 科研管理, 2012, 33 (1): 10 - 18, 26.

[18] 高常水. 战略性新兴产业创新平台研究 [D]. 天津: 天津大学, 2011.

[19] 龚立新, 吕晓军. 政府补贴与企业技术创新效率: 来自 2009—2013 年战略性新兴产业上市公司的证据 [J]. 河南大学学报 (社会科学版), 2018, 58 (2): 22 - 29.

[20] 郭斌. 规模、R&D 与绩效: 对我国软件产业的实证分析 [J]. 科研管理, 2006 (1): 121 - 126.

[21] 郭庆旺, 贾俊雪. 中国全要素生产率的估算: 1979—2004 [J]. 经济研究, 2005 (6): 51 - 60.

[22] 郭馨梅, 沈冉, 徐小茗. 数字化背景下我国零售业上市公司经营效率评价 [J]. 商业经济研究, 2020 (16): 174 - 176.

[23] 哈耶克. 个人主义与经济秩序 [M]. 邓正来, 译. 上海: 复旦大学出

版社，2012.

[24] 郝凤霞，季雨洁. 新兴产业资本结构与企业绩效相关性的实证分析 [J]. 财会月刊，2014（4）：21-24.

[25] 胡春阳，王展祥. 财政补贴如何影响企业全要素生产率：兼论制造业财政补贴"适度区间"[J]. 当代财经，2020（6）：28-41.

[26] 胡浩志，黄雪. 寻租、政府补贴与民营企业绩效 [J]. 财经问题研究，2016（9）：107-112.

[27] 胡吉亚. 财税政策激发战略性新兴产业创新能力：效应问题及优化路径 [J]. 深圳大学学报（人文社会科学版），2020，37（5）：76-86.

[28] 黄海霞，张治河. 基于DEA模型的我国战略性新兴产业科技资源配置效率研究 [J]. 中国软科学，2015（1）：150-159.

[29] 黄先海，宋学印，诸竹君. 中国产业政策的最优实施空间界定：补贴效应、竞争兼容与过剩破解 [J]. 中国工业经济，2015（4）：57-69.

[30] 江小涓. 国有企业的能力过剩、退出及退出援助政策 [J]. 经济研究，1995（2）：46-54.

[31] 姜彩楼，张莹，李玮玮，等. 政府补贴与新能源汽车企业研发的演化博弈研究 [J]. 运筹与管理，2020，29（11）：22-28.

[32] 蒋安璇，郑军，裴潇. 媒体关注下政府补贴对企业创新绩效的影响研究 [J]. 财会通讯，2019（33）：39-42.

[33] 蒋为，张龙鹏. 补贴差异化的资源误置效应：基于生产率分布视角 [J]. 中国工业经济，2015（2）：31-43.

[34] 李凤梅，柳卸林，高雨辰，等. 产业政策对我国光伏企业创新与经济绩效的影响 [J]. 科学学与科学技术管理，2017，38（11）：47-60.

[35] 李红锦，李胜会. 战略性新兴产业创新效率评价研究：LED产业的实证分析 [J]. 中央财经大学学报，2013（4）：75-80.

[36] 李嘉明，黎富兵. 企业智力资本与企业绩效的实证分析 [J]. 重庆大学学报，2004（12）：134-138.

[37] 李强. 产业政策、技术创新与企业出口绩效：基于不同产业集聚程度

的分析 [J]. 世界经济研究, 2016 (5): 77 - 86, 111, 135 - 136.

[38] 李沙沙, 邹涛. 政府干预、资本市场扭曲与全要素生产率: 基于高技术产业的实证研究 [J]. 东北财经大学学报, 2017 (2): 24 - 32.

[39] 李邃. 中国高技术产业创新能力对产业结构优化升级的影响研究 [D]. 南京: 南京航空航天大学, 2010.

[40] 李文鹏, 戴良平, 郭本海, 等. 后补贴时代复合牵引机制下新能源汽车上下游企业合作创新博弈分析 [J]. 软科学, 2021, 35 (1): 81 - 88.

[41] 李永友, 叶倩雯. 政府科技创新补贴的激励效应及其机制识别: 基于企业微观数据的经验研究 [J]. 财经论丛, 2017 (12): 22 - 32.

[42] 林承亮, 许为民. 技术外部性下创新补贴最优方式研究 [J]. 科学学研究, 2012, 30 (5): 766 - 772, 781.

[43] 林毅夫, 蔡昉, 李周. 充分信息与国企改革 [J]. 市场经济导报, 1997 (8): 1, 4 - 5.

[44] 刘爱东, 谭圆奕, 李小霞. 我国反倾销对企业全要素生产率的影响分析: 以 2012 年化工行业对外反倾销为例 [J]. 国际贸易问题, 2016 (10): 165 - 176.

[45] 刘建民, 胡小梅, 王蓓. 空间效应与战略性新兴产业发展的财税政策运用: 基于省域 1997 ~ 2010 年高技术产业数据 [J]. 财政研究, 2013 (1): 62 - 66.

[46] 刘微微, 邢菁. 可再生能源技术吸收能力对我国能源产业绩效的影响 [J]. 管理学报, 2017, 14 (1): 93 - 99.

[47] 刘薇. 301 调查对中国战略性新兴产业发展的影响及应对机制 [J]. 求索, 2019 (6): 65 - 73.

[48] 刘雯. 产学研创新合作视角下的战略性新兴产业发展路径 [J]. 中国高新科技, 2020 (1): 84 - 85.

[49] 柳光强. 税收优惠、财政补贴政策的激励效应分析: 基于信息不对称理论视角的实证研究 [J]. 管理世界, 2016 (10): 62 - 71.

[50] 陆国庆, 王舟, 张春宇. 中国战略性新兴产业政府创新补贴的绩效研

究 [J]. 经济研究, 2014, 49 (7): 44-55.

[51] 陆国庆. 中国中小板上市公司产业创新的绩效研究 [J]. 经济研究, 2011, 46 (2): 138-148.

[52] 吕洪渠, 任燕燕. 产业集聚、制度环境与中国战略性新兴产业的效率特征 [J]. 山东大学学报 (哲学社会科学版), 2018 (2): 101-110.

[53] 吕久琴, 李丁健. 我国光伏产业补贴政策的规范性研究 [J]. 科技和产业, 2016, 16 (2): 41-45.

[54] 吕晓军. 政府补贴与企业技术创新投入: 来自 2009~2013 年战略性新兴产业上市公司的证据 [J]. 软科学, 2016, 30 (12): 1-5.

[55] 吕岩威, 孙慧. 中国战略性新兴产业技术效率及其影响因素研究: 基于 18 个大类行业面板数据的分析 [J]. 科学学与科学技术管理, 2013, 34 (11): 137-146.

[56] 马红, 王元月. 融资约束、政府补贴和公司成长性: 基于我国战略性新兴产业的实证研究 [J]. 中国管理科学, 2015, 23 (S1): 630-636.

[57] 毛其淋, 许家云. 政府补贴对企业新产品创新的影响: 基于补贴强度"适度区间"的视角 [J]. 中国工业经济, 2015 (6): 94-107.

[58] 彭荷芳, 谢忠秋, 徐燕. 基于 DEA 模型的常州市新能源产业绩效评价 [J]. 资源与产业, 2012, 14 (5): 171-175.

[59] 彭景颂, 黄志康. 战略性新兴产业公司绩效与资本结构优化研究 [J]. 财会通讯, 2015 (33): 59-62.

[60] 彭薇, 李起铨, 熊科. 地方政府财政补贴的选择策略与偏向: 基于企业异质与 Heckman 两阶段模型的检验 [J]. 华东经济管理, 2019, 33 (2): 108-114.

[61] 彭中文, 文亚辉, 黄玉妃. 政府补贴对新能源企业绩效的影响: 公司内部治理的调节作用 [J]. 中央财经大学学报, 2015 (7): 80-85.

[62] 齐峰. 我国战略性新兴产业全要素生产率的实证测度: 基于 DEA 的 Malmquist 指数法 [J]. 科技管理研究, 2015, 35 (14): 121-125.

[63] 齐峰, 项本武. 中国战略性新兴产业经济绩效实证检验 [J]. 统计与决

策，2015（14）：110－114.

[64] 任保全，任优生．长三角战略性新兴产业发展的演变趋势及增长质量研究 [J]．现代经济探讨，2016（9）：77－81.

[65] 任保全，王亮亮．战略性新兴产业高端化了吗？[J]．数量经济技术经济研究，2014，31（3）：38－55.

[66] 任曙明，吕镯．融资约束、政府补贴与全要素生产率：来自中国装备制造企业的实证研究 [J]．管理世界，2014（11）：10－23，187.

[67] 任同莲．数字化服务贸易与制造业出口技术复杂度：基于贸易增加值视角 [J]．国际经贸探索，2021，37（4）：4－18.

[68] 任优生，邱晓东．政府补贴和企业 R&D 投入会促进战略性新兴产业生产率提升吗 [J]．山西财经大学学报，2017，39（1）：55－69.

[69] 任优生，任保全．环境规制促进了战略性新兴产业技术创新了吗?：基于上市公司数据的分位数回归 [J]．经济问题探索，2016（1）：101－110.

[70] 申俊喜，杨若霞．长三角地区战略性新兴产业 TFP 增长差异及高端化发展路径研究 [J]．科技进步与对策，2018，35（3）：35－42.

[71] 舒元．中国经济增长的国际比较 [J]．世界经济，1993（6）：29－34，28.

[72] 孙晓华，王昀．R&D 投资与企业生产率：基于中国工业企业微观数据的 PSM 分析 [J]．科研管理，2014，35（11）：92－99.

[73] 唐清泉，罗党论．政府补贴动机及其效果的实证研究：来自中国上市公司的经验证据 [J]．金融研究，2007（6）：149－163.

[74] 涂正革，肖耿．中国工业生产力革命的制度及市场基础：中国大中型工业企业间技术效率差距因素的随机前沿生产模型分析 [J]．经济评论，2005（4）：50－62.

[75] 汪翔．理性预期宏观经济学 [M]．北京：中国人民大学出版社，1989.

[76] 汪勇杰，陈通，邓斌超．政府补贴机制下研发外包的演化博弈分析 [J]．管理工程学报，2017，31（2）：137－142.

[77] 王欢芳，张幸，贺正楚，等．战略性新兴产业全要素生产率测度及影

响因素研究 [J]. 中国软科学, 2020 (11): 143 - 153.

[78] 王茁, 段进. 战略性新兴产业发展中政府补贴政策的选择 [J]. 管理现代化, 2015, 35 (3): 22 - 24.

[79] 王蕙. 新时期金融支持战略性新兴产业发展困境及对策: 基于政府推动视角 [J]. 理论探讨, 2019 (5): 123 - 128.

[80] 王乔, 黄瑶妮, 张东升. 支持科技成果转化的财税政策研究 [J]. 当代财经, 2019, (7): 28 - 36.

[81] 王庆金, 王强, 周雪. 区域高技术产业研发活动效率评价及影响因素研究 [J]. 科技进步与对策, 2018, 35 (23): 59 - 65.

[82] 王雁凌, 徐丹蕾, 马洪宇, 等. 天然气分布式能源分阶段补贴机制 [J]. 电力系统自动化, 2018, 42 (4): 202 - 207.

[83] 王仰东. 高技术服务业与新兴产业的培育 [J]. 中国科技投资, 2012 (19): 26 - 30.

[84] 王宇, 刘志彪. 补贴方式与均衡发展: 战略性新兴产业成长与传统产业调整 [J]. 中国工业经济, 2013 (8): 57 - 69.

[85] 魏下海, 余玲铮. 中国全要素生产率变动的再测算与适用性研究: 基于数据包络分析与随机前沿分析方法的比较 [J]. 华中农业大学学报 (社会科学版), 2011 (3): 76 - 83.

[86] 温娜. 高管团队背景特征对企业绩效的影响: 基于战略性新兴产业的视角 [J]. 河北企业, 2019 (11): 40 - 41.

[87] 巫强, 刘蓓. 政府研发补贴方式对战略性新兴产业创新的影响机制研究 [J]. 产业经济研究, 2014 (6): 41 - 49.

[88] 吴超鹏, 唐莳. 知识产权保护执法力度、技术创新与企业绩效: 来自中国上市公司的证据 [J]. 经济研究, 2016, 51 (11): 125 - 139.

[89] 吴建祖, 肖书锋. 创新注意力转移、研发投入跳跃与企业绩效: 来自中国A股上市公司的经验证据 [J]. 南开管理评论, 2016, 19 (2): 182 - 192.

[90] 吴俊, 黄东梅. 研发补贴、产学研合作与战略性新兴产业创新 [J]. 科

研管理，2016，37（9）：20 – 27.

[91] 吴俊，张家峰，黄东梅．产学研合作对战略性新兴产业创新绩效影响研究：来自江苏省企业层面的证据［J］．当代财经，2016（9）：99 – 109.

[92] 吴延兵．R&D 与生产率：基于中国制造业的实证研究［J］．经济研究，2006（11）：60 – 71.

[93] 吴中兵，宋赫民，赵帅．基于 DEA 模型的区域战略性新兴产业创新系统效率研究［J］．生产力研究，2018（5）：8 – 12，161.

[94] 伍健，田志龙，龙晓枫，等．战略性新兴产业中政府补贴对企业创新的影响［J］．科学学研究，2018，36（1）：158 – 166.

[95] 武力超，陈韦亨，林澜，等．创新及绿色技术创新对企业全要素生产率的影响研究［J］．数理统计与管理，2021，40（2）：319 – 333.

[96] 肖兴志，王伊攀．政府补贴与企业社会资本投资决策：来自战略性新兴产业的经验证据［J］．中国工业经济，2014（9）：148 – 160.

[97] 肖兴志，谢理．中国战略性新兴产业创新效率的实证分析［J］．经济管理，2011，33（11）：26 – 35.

[98] 徐鹏远，张梅青，翟欣雨．R&D 财政补贴对区域专利产出的影响机制：一个有调节的中介模型［J］．湖南科技大学学报（社会科学版），2020，23（1）：75 – 83.

[99] 徐欣，唐清泉．财务分析师跟踪与企业 R&D 活动：来自中国证券市场的研究［J］．金融研究，2010（12）：173 – 189.

[100] 许珂，耿成轩．制度环境与战略性新兴产业创新能力发展研究［J］．技术经济与管理研究，2018（10）：106 – 111.

[101] 亚当·斯密．国民财富的性质和原因的研究（上卷）［M］．北京：商务印书馆，1972.

[102] 颜晓畅，黄桂田．政府财政补贴、企业经济及创新绩效与产能过剩：基于战略性新兴产业的实证研究［J］．南开经济研究，2020（1）：176 – 198.

[103] 颜晓畅．政府研发补贴对创新绩效的影响：创新能力视角［J］．现代

财经（天津财经大学学报），2019，39（1）：59 – 71.

[104] 杨得前，刘仁济. 税式支出、财政补贴的转型升级激励效应：来自大中型工业企业的经验证据 [J]. 税务研究，2017（7）：87 – 93.

[105] 杨高举，黄先海. 知识产权保护促进战略性新兴企业技术创新的实证分析 [J]. 浙江学刊，2018（2）：162 – 168.

[106] 杨继生，阳建辉. 行政垄断、政治庇佑与国有企业的超额成本 [J]. 经济研究，2015，50（4）：50 – 61，106.

[107] 杨洋，魏江，罗来军. 谁在利用政府补贴进行创新?：所有制和要素市场扭曲的联合调节效应 [J]. 管理世界，2015（1）：75 – 86，98，188.

[108] 杨以文，郑江淮，任志成. 产学研合作、自主创新与战略性新兴产业发展：基于长三角企业调研数据的分析 [J]. 经济与管理研究，2012（10）：64 – 73.

[109] 杨震宇. 战略性新兴产业全要素生产率的测算及其收敛性分析 [J]. 科技管理研究，2016，36（15）：114 – 121.

[110] 姚凌岚. 中国产业结构现状及发展方向 [J]. 时代金融，2010（7）：4 – 5.

[111] 叶红雨，徐雪莲. 政府补贴对高新技术上市公司创新绩效的门槛效应实证研究 [J]. 技术与创新管理，2018，39（1）：92 – 96.

[112] 易明，彭甲超，吴超. 基于 SFA 方法的中国高新技术产业创新效率研究 [J]. 科研管理，2019，40（11）：22 – 31.

[113] 于津平，许咏. 股权融资对企业经营绩效的影响：基于战略性新兴产业上市公司的研究 [J]. 东南大学学报（哲学社会科学版），2016，18（6）：88 – 94，147.

[114] 余娟娟，余东升. 政府补贴、行业竞争与企业出口技术复杂度 [J]. 财经研究，2018，44（3）：112 – 124.

[115] 余明桂，钟慧洁，范蕊. 分析师关注与企业创新：来自中国资本市场的经验证据 [J]. 经济管理，2017，39（3）：175 – 192.

[116] 余泳泽，武鹏. 我国高技术产业研发效率空间相关性及其影响因素分析：基于省级面板数据的研究 [J]. 产业经济评论，2010，9（3）：71－86.

[117] 俞金红，于明超. 财政补贴、寻租成本与新能源企业经营绩效 [J]. 软科学，2019，33（11）：59－63.

[118] 喻登科，陈华，涂国平. 江西省战略性新兴产业科技资源投入产出效率评价 [J]. 情报杂志，2013，32（2）：178－185.

[119] 约翰·梅纳德·凯恩斯. 就业、利息和货币通论 [M]. 高鸿业，译. 北京：商务印书馆，1999.

[120] 约瑟夫·熊彼特. 经济发展理论 [M]. 北京：商务印书馆，1990.

[121] 曾繁荣，张雪笛，方玉. 融资结构、创新效率与企业绩效：基于我国战略性新兴产业上市公司的实证研究 [J]. 财会通讯，2020（1）：79－84.

[122] 张长征，李怀祖. 中国教育公平与经济增长质量关系实证研究：1978—2004 [J]. 经济理论与经济管理，2005（12）：20－24.

[123] 张海斌，盛昭瀚，孟庆峰. 新能源汽车市场开拓的政府补贴机制研究 [J]. 管理科学，2015，28（6）：122－132.

[124] 张涵，杨晓昕. 异质性人力资本、空间溢出与高技术产业创新 [J]. 科技进步与对策，2019，36（22）：51－59.

[125] 张辉，黄昊，闫强明. 混合所有制改革、政策性负担与国有企业绩效：基于1999—2007年工业企业数据库的实证研究 [J]. 经济学家，2016（9）：32－41.

[126] 张会新，白嘉. 中国省域战略性新兴产业发展绩效评价 [J]. 统计与决策，2016（15）：67－70.

[127] 张纪凤，宣昌勇，黄萍. 东亚产品多样性对出口绩效的影响研究 [J]. 江苏大学学报（社会科学版），2018，20（5）：77－84.

[128] 张杰，陈志远，杨连星，等. 中国创新补贴政策的绩效评估：理论与证据 [J]. 经济研究，2015，50（10）：4－17，33.

[129] 张任之. 竞争中性视角下重点产业政策实施效果研究 [J]. 经济管理，

2019, 41 (12)：5 - 21.

[130] 张三峰, 卜茂亮. 环境规制、环保投入与中国企业生产率：基于中国企业问卷数据的实证研究 [J]. 南开经济研究, 2011 (2)：129 - 146.

[131] 张庭发. 政府资助、研发投入与中小企业创新绩效研究：基于中小板上市公司的实证 [J]. 贵州大学学报（社会科学版）, 2017, 35 (6)：46 - 50.

[132] 张同斌, 范庆泉, 李金凯. 研发驱动高技术产业全要素生产率提升的有效性研究：基于断点检验与门限回归的结构变动分析 [J]. 经济学报, 2015, 2 (3)：65 - 83.

[133] 张夏, 汪亚楠, 汪莉. 汇率制度、要素错配与中国企业出口绩效 [J]. 中南财经政法大学学报, 2019 (6)：132 - 141.

[134] 张正, 孟庆春, 张文姬. 技术创新情形下考虑政府补贴的供应链价值创造研究 [J]. 软科学, 2019, 33 (1)：39 - 44.

[135] 赵嘉茜, 宋伟, 叶胡. 基于链式关联网络的区域知识产权战略实施绩效评价研究：来自中国29个省高技术产业的实证数据 [J]. 中国科技论坛, 2013 (4)：103 - 108.

[136] 赵玮. 融资约束、政府 R&D 资助与企业研发投入：来自中国战略性新兴产业的实证研究 [J]. 当代财经, 2015 (11)：86 - 97.

[137] 赵玉林, 汪美辰. 产业融合、产业集聚与区域产业竞争优势提升：基于湖北省先进制造业产业数据的实证分析 [J]. 科技进步与对策, 2016, 33 (3)：26 - 32.

[138] 钟覃琳, 陆正飞, 袁淳. 反腐败、企业绩效及其渠道效应：基于中共十八大的反腐建设的研究 [J]. 金融研究, 2016 (9)：161 - 176.

[139] 周方召, 仲深, 王雷. 财税补贴、风险投资与高新技术企业的生产效率：来自中国物联网板块上市公司的经验证据 [J]. 软科学, 2013, 27 (3)：100 - 105.

[140] 周绍东. 企业技术创新与政府 R&D 补贴：一个博弈 [J]. 产业经济评论, 2008 (3)：38 - 51.

[141] 周亚虹, 贺小丹, 沈瑶. 中国工业企业自主创新的影响因素和产出绩效研究 [J]. 经济研究, 2012, 47 (5): 107 – 119.

[142] 朱平芳, 徐伟民. 政府的科技激励政策对大中型工业企业 R&D 投入及其专利产出的影响: 上海市的实证研究 [J]. 经济研究, 2003 (6): 45 – 53, 94.

[143] 邹小芃, 胡嘉炜, 姚楠. 绿色证券投资基金财务绩效、环境绩效与投资者选择 [J]. 上海经济研究, 2019 (12): 33 – 44.

[144] Catpzzella A, Vivarellira M. Beyond Additionality: Are Innovation Subsidies Counterproductive [R]. IZA Discussion Papers No. 5746, University of Sussex and IZA: IZA-Institute of Labor Economics, 2011.

[145] Chemmanur T, Krishnan K, Nandy D. How Does Venture Capital Financing Improve Efficiency in Private Firms? A Look Beneath the Surface [R]. Working Paper, Boston College, 2008.

[146] Cin B C, Kim Y J, Vonortas N S. The Impact of Public R&D Subsidy on Small Firm Productivity: Evidence from Korean SMEs [J]. Small Business Economics, 2017, 48 (2): 345 – 360.

[147] Giannakas K, Schoney R, Tzouvelekas V. Technical Efficiency, Technological Change and Output Growth of Wheat Farms in Saskatchewan [J]. Canadian Journal of Agricultural Economics, 2001, 49 (2): 135 – 152.

[148] Gregory T. Underinvestment in Public Good Technologies [J]. The Journal of Technology Transfer, 2004, 30 (1 – 2): 89 – 113.

[149] Hall B H, Mairesse J. Exploring the Relationship between R&D and Productivity in French Manufacturing firms [J]. Journal of Econometrics, 1995, 65 (1): 263 – 293.

[150] Katrin H. R&D and Subsidies at the Firm Level: An Application of Parametric and Semiparametric Two-Step Selection Models [J]. Journal of Applied Econometrics, 2008, 23 (6): 729 – 747.

[151] Lantz J S, Sahut J M. R&D Investment and the Financial Performance of

Technological Firms [J]. International Journal of Business, 2005, 10 (3): 251 –270.

[152] Lovdal N, Neumann F. Internationa lization as a Strategy to Overcome Industry Barriers: An Assessment of the Marine Energy Industry [J]. Energy Policy, 2011, 39 (3): 1093 –1100.

[153] McCloud N, Kumbhakar S C. Do Subsidies Drive Productivity? A Cross-Country Analysis of Nordic Dairy Farms [J]. Advances in Econometrics, 2008, 23 (1): 245 –274.

[154] Pere A C. Persistence in R&D Performance and its Implications for the Granting of Subsidies [J]. Review of Industrial Organization, 2003, 43 (3): 193 –220.

[155] Peter N. Pitfalls in the Theory of International Trade Policy: Concertina Reforms of Tariffs, and Subsidies to High-Technology Industries [J]. Scandinavian Journal of Economics, 1998, 100 (1): 187 –206.

[156] Piekkola H. Public Funding of R&D and Growth: Firm-Level Evidence from Finland [J]. Economics of Innovation and New Technology, 2007, 16 (3): 195 –210.

[157] Romano R E. Aspects of R&D Subsidization [J]. Quarterly Journal of Economics, 1989, 104 (4): 863 –873.

[158] Sharma, Chandan. R&D and Firm Performance: Evidence from the Indian Pharmaceutical Industry [J]. Journal of the Asia Pacific Economy, 2012, 17 (2): 332 –342.

后　记

伴随着我国进入新发展阶段，加快培育壮大战略性新兴产业，已成为促进产业转型升级，实现经济高质量发展的重要手段。为此，本书负责人马永军博士依托湖南省自然科学基金面上项目"产业链升级视角下湖南省装备制造业服务化转型的绩效与路径研究"（2021JJ30224）、湖南省教育厅科学研究项目"新阶段服务化驱动中国制造业价值链攀升的机制与对策研究"（21B0541）、株洲市社会科学成果规划评审委员会课题"株洲培育壮大市场主体政策优化研究"（ZZSK2023055），组织相关人员，经过三年多的时间完成本书。

本书是马永军等人的集体研究成果。马永军博士作为本书的总负责人，制定了本书的研究思路、研究框架和研究内容，全程参与了本书的创作过程并负责部分内容写作与统稿。第1章绪论由马永军负责完成；第2章理论基础与文献综述由杨慧、黄博文负责；第3章政府补贴与战略性新兴产业绩效考察由马永军、王艾娟、芮强负责；第4章理论分析框架构建与研究假设由马永军、张志武、王艾娟、李毅凡、黄睿轩、彭宏、邓梦等人完成；第5章数值模拟与实证检验由马永军、张志武、王艾娟、李毅凡、黄睿轩、彭宏等人完成；第6章政策建议由马永军、王艾娟、张志武、芮强等人完成；第7章结论与展望由马永军完成。

本书的完成离不开各界人士的关心。在此，我要向在本书撰写过程中曾经给予我们莫大帮助和关心的领导、同事、学生和家人表示诚挚的谢意。首先。要感谢完成本书的课题组全体成员。在本书完成过程中，张志武、王艾娟、芮强、彭宏、杨慧、黄博文、李毅凡、邓梦、黄睿轩等同学认真负责，能够及时完成各自负责的工作；其次，我要感谢李逸飞博士、王康博士。感谢你们对本书提出具有建设性的指导建议和在数据方面提供的无私帮助。最后，由衷感谢我的父母，感谢你们多年来的培养；感谢我的岳父、岳母，感谢你们对我工作的支持与理解；特别要感谢我的爱人，感谢你在我工作的时候没有一丝埋怨，无私付出，将宝贝们照顾得妥妥当当。在本书的出版过程中，本书的出版社对书稿的编辑加工付出了辛勤的劳动，在此表示由衷的感谢。

马永军

于湖南工业大学崇信楼 512

2023 年 9 月